KB263115

능력자로 서라

아비목회 40년 · 빌립보서 강해 설교집

능력자로 서라

나에게 능력을 주시는 분 안에서 나는 모든 것을 할 수 있습니다

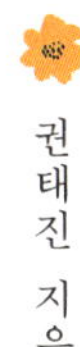

권태진 지음

성빛

능력자로
서라

빌립보서 강해설교

빌립보는 에게 해에서 내륙으로 약 16km 정도 떨어진 곳에 있습니다.
도시의 원래 이름은 '작은 우물'이라는 뜻을 지닌 '크레니데스'인데
B.C. 356년 마게도냐의 왕 빌립 2세가 이곳에 많은 사람을
이주시키고 도시를 확장, 증축하면서 자신의 이름을 따라
'빌립보'라고 명명했습니다.
빌립보교회는 A.D. 50년 경 바울의 제2차 선교여행 중에
세워졌습니다. 드로아에 머물고 있을 당시 바울 사도는 환상 중에
마게도냐로 가라는 성령의 지시를 받고 선교의 발걸음을 유럽 쪽으로
향했습니다. 그 첫 노시가 빌립보입니다. 빌립보교회는 사도행진
16장에 나오는 자주장사 루디아의 집에서 시작되었으며 최초의
신자로는 루디아를 비롯하여 귀신들렸던 여종, 빌립보 감옥의
간수와 그 가족들이 있었습니다.
빌립보교회는 사도 바울에 대해 특별한 애정을 가지고 있었으며
어려운 환경 속에서도 수차례에 걸쳐 바울에게 헌물을 보내며
열정적으로 그의 사역을 도왔습니다. 그러므로 바울도 감옥에서

에바브로디도를 통해 빌립보교회 소식을 전해 듣고 그들을 염려하여 몇 가지를 당부하기 위해 편지를 썼습니다. 빌립보서는 바울의 옥중서신 중 하나로 첫째, 바울 자신이 처한 상황을 빌립보 성도들에게 전해 주고자 했습니다. 언제 처형당할지 모르는 위험하고 급박한 처지에 있지만 기쁨으로 잘 지내고 있음을 알리려 했습니다. 둘째, 유대주의적 율법주의자들과 반도덕주의자의 위협에 대항하여 자신의 가르침을 떠나지 말고 신앙생활을 잘하기를 권면했습니다. 셋째, 빌립보 교인들 간에 분열 양상이 나타나자 교회의 화합과 일치를 권면했습니다. 넷째, 어려운 가운데서도 필요한 것들을 공급해 준 사실에 대해 감사를 표했습니다.

지금 현 시대를 살고 있는 우리 성도들도 여러 어려움에 처해있습니다. 영적 감옥에서, 환란과 혼란 속에서 살아가고 있습니다. 빌립보서를 통해 주시는 하나님의 사랑으로 위로와 격려를 받기를 원합니다.

이 빌립보서 강해집은 2009년 11월 22일부터 2010년 7월 23일까지의 설교를 재구성했습니다. 이 기간 동안 빌립보서를 통해 주신 하나님의 말씀은 저와 우리 성도들의 삶의 질을 높였습니다. 이기게 하신 하나님을 찬양합니다.

이 책이 나오기까지 저의 건강을 챙겨주고 묵묵히 따라오면서

기도한 사랑하는 아내, 목회에 전념하도록 보이지 않는 곳에서

열심히 돕는 자녀들, 늘 설교에 은혜를 받았다며

신뢰하고 따르는 우리 성도들과 당회원들에게 감사를 드립니다.

무엇보다도 잠을 깨우시고 기도하게 하시고

사랑 실천하게 하신 하나님 아버지께 감사드리며

모든 영광을 돌립니다.

이 책을 읽는 모두에게 주님의 은총이 임하기를 기도합니다.

2018년 10월

권 해 천 목사

1부

기쁨의
근원을
찾기를

01

성령에 속한 삶

빌립보서 1:1~7

//

하나님이 창조한 사람에게는 영혼과 육체가 있습니다. 육체는 환경의 영향을 받으므로 때로는 환경에 의해 희로애락이 결정됩니다. 그러나 영에 속한 사람들은 보이지 않는 하나님을 통해 자신과 환경을 이길 수 있습니다. 그들은 전능자의 능력으로 환경을 다스립니다. 요셉, 모세, 다니엘, 바울, 요한 등 하나님이 함께했던 사람들은 육체가 불구덩이, 사자굴에 들어가고 감옥에 가기도 했습니다. 그러나 하나님이 주시는 힘으로 살아나기도 하고, 순교하기도 했습니다. 성경은 거룩한 영에 속한 사람을 가리켜 성령의 사람이라고 합니다.

"오직 성령이 너희에게 임하시면 너희가 권능을 받고 예루살렘과
온 유대와 사마리아와 땅 끝까지 이르러 내 증인이 되리라 하시
니라" 행 1:8

성령을 받는 방법은 자신의 죄를 회개해야 합니다.

"베드로가 이르되 너희가 회개하여 각각 예수 그리스도의 이름으
로 세례를 받고 죄 사함을 받으라 그리하면 성령의 선물을 받으
리니" 행 2:38

사도 바울은 하나님의 강권적인 역사로 성령의 사람이 되었습니
다. 그 후 성령의 인도하심을 따라 복음을 전했으며 많은 수난을
받았습니다. 주님의 말씀대로 의가 있는 곳에 핍박이 있습니다.

"의를 위하여 박해를 받은 자는 복이 있나니 천국이 그들의 것임
이라 나로 말미암아 너희를 욕하고 박해하고 거짓으로 너희를 거
슬러 모든 악한 말을 할 때에는 너희에게 복이 있나니" 마 5:10-11

바울과 실라는 귀신 들린 여인을 구해주고도 주인에게 고발당하
여 감옥에 갇혔습니다.

"무리가 일제히 일어나 고발하니 상관들이 옷을 찢어 벗기고 매
로 치라 하여 많이 친 후에 옥에 가두고 간수에게 명하여 든든히
지키라 하니 그가 이러한 명령을 받아 그들을 깊은 옥에 가두고
그 발을 차꼬에 든든히 채웠더니 한밤중에 바울과 실라가 기도
하고 하나님을 찬송하매 죄수들이 듣더라 이에 갑자기 큰 지진이
나서 옥터가 움직이고 문이 곧 다 열리며 모든 사람의 매인 것이
다 벗어진지라" 행 16:22-26

바울과 실라는 빌립보 감옥에서도 말씀을 전하여 간수가 복음을 듣고 그와 온 가정이 변화되었고 빌립보에 건강한 교회를 세웠습니다.

복음을 위한 일에 참여하라

빌립보교회는 늘 바울의 마음에 있었습니다. 그곳에 바울과 함께 사역한 이들이 있었습니다. 사도 바울은 감옥에 있으면서도 서신을 통하여 그들이 예수 그리스도 안에 있기를 부탁했습니다. 바울에게 감옥은 기도실이 되고 집필실이 되고 성도를 위하여 기도하는 성화의 장소였습니다. 사도 바울은 철저한 대언자로 빌립보 성도들에게 문안했습니다.

> 그리스도 예수의 종 바울과 디모데는
> 그리스도 예수 안에서 빌립보에 사는 모든 성도와
> 또한 감독들과 집사들에게
> 편지하노니
>
> **빌립보서 1:1**

자기를 '그리스도 예수의 종'이라고 한 것은 자신을 부인하고 주인에 의해 생사와 행복이 결정되는 위치에 있는 사람임을 말하는 것입니다. 또 디모데도 종이고, 동역자라 했습니다. 빌립보에 있는 성도, 감독, 집사들과는 그리스도 안에서 만났고 관계가 있었습니다. 성도와 목사, 성도와 성도는 예수 안에서 만났으니 하나님께서 받으시는 예배를 통해 한 성령과 말씀의 지배 안에 있는 것입니다. 사도 바울은 그리스도의 본을 따라 사역했고 관심도 주님이 사랑하는 성도들에게 있었습니다. 예수 그리스도로부터 오는 은혜와 평강이 빌립보 성도들에게 가득하기를 바랐습니다. 교회와 성도의 참 행복은 하나님으로부터 옵니다. 천만인이 긍정하는 것보다 하나님이 허락하시고 명령하면 꼭 이루어집니다. 은혜 받은 자의 마음과 삶에는 평강이 있습니다.

빌립보서 1:5

복음을 위하여 참여하는 사람은 아주 소중합니다. 함께 상 받을 자요, 누릴 자요, 고난에 참여할 자입니다.

바울은 자신과 함께 사역한 이들을 인정하라고 부탁했습니다. 가르침을 받는 자는 말씀을 가르치는 자와 모든 좋은 것을 함께 하기를 원했습니다. 또한 기회가 있는 대로 모든 이에게 착한 일을 하되 더욱 믿음의 가정들에게 하기를 원하십니다. 하나님의 관심은 자기 백성에게 있고, 그의 뜻대로 성령 받아 일하는 사람도 교회와 성도에게 관심이 있습니다.

복음에 참여하는 자에게 감사하라

사람은 숨 쉬는 것, 먹는 것, 자는 것을 중단할 수 없습니다. 이렇듯 성도는 말씀생활, 기도생활, 전도생활, 예배생활을 중단할 수 없습니다. 생명의 주인이 맡기신 삶이기에 그대로 하면 형통의 길이 열립니다. 때로는 자살로 창조의 원리를 거스르는 사람이 있습니다. 그러나 하나님은 생사의 자리 그 어느 곳에도 함께 하십니다. 주일성수와 경건한 예배는 포도나무 가지가 원줄기에 붙어있는 행위입니다. 복음을 위하여 땀 흘리면서 빌립보 성도들처럼 살아가야 합니다.

빌립보서 1:3

감옥에서도 성도들을 생각하고 하나님께 감사하는 마음은 아비의 마음입니다. 바울은 빌립보 성도들을 생각할 때마다 하나님께서 그들에게 주신 은혜로 감사했습니다. 시대마다 하나님의 마음에 합한 사람이 있습니다. 하나님은 이새의 아들 다윗이 마음에 들었습니다.

"폐하시고 다윗을 왕으로 세우시고 증언하여 이르시되 내가 이새의 아들 다윗을 만나니 내 마음에 맞는 사람이라 내 뜻을 다 이루

리라 하시더니" ^{행 13:22}

목회자에게도 생각할 때마다 기분이 좋은 사람, 행복케 하는 사람이 있습니다. 하나님 앞에 예수 그리스도의 존재는 기쁨의 아들입니다.

"하늘로부터 소리가 있어 말씀하시되 이는 내 사랑하는 아들이요 내 기뻐하는 자라 하시니라" ^{마 3:17}

빌립보교회는 사도 바울이 감옥에서도 하나님께 감사하게 하는 교회였습니다. 우리 사역이나 삶이 다른 사람의 신앙을 성장하게 했습니까? 상대가 나로 인해 하나님께 감사할 때 영광이 하나님께 돌아갑니다.

충성된 성도를 향해 기뻐하라

간구할 때마다 너희 무리를 위하여

기쁨으로 항상 간구함은

빌립보서 1:4

간구할 때마다, 기도할 때마다 성도를 생각합니다.

"우리가 너희를 위하여 기도할 때마다 하나님 곧 우리 주 예수 그리스도의 아버지께 감사하노라 이는 그리스도 예수 안에 너희의 믿음과 모든 성도에 대한 사랑을 들었음이요 너희를 위하여 하늘에 쌓아 둔 소망으로 말미암음이니 곧 너희가 전에 복음 진리의 말씀을 들은 것이라 이 복음이 이미 너희에게 이르매 너희가 듣고 참으로 하나님의 은혜를 깨달은 날부터 너희 중에서와 같이 또한 온 천하에서도 열매를 맺어 자라는도다" ^{골 1:3-6}

주의 종에게 기도를 받는 행복한 성도들이 되길 바랍니다. 주의 일에 충성하고 기도의 배경이 있는 이들은 복이 있습니다. 또 하나님께서 은혜를 주시면 오랜 세월 하나님의 보호 속에 있습니다.

너희 안에서 착한 일을 시작하신 이가

그리스도 예수의 날까지 이루실 줄을

우리는 확신하노라

내가 너희 무리를 위하여

이와 같이 생각하는 것이 마땅하니

이는 너희가 내 마음에 있음이며

나의 매임과 복음을 변명함과 확정함에

너희가 다 나와 함께 은혜에 참여한 자가 됨이라

빌립보서 1:6-7

바울의 확신은 성도를 품은 마음의 기도에서 시작되었습니다. 부모가 자녀에게 큰 기대를 가지는 것처럼 기도하는 목회자는 성도들이 잘될 것을 확신하고 기도합니다. 빌립보 성도들에게 하나님의 복이 있음을 확신하는 것은 그들이 바울의 마음에 있기 때문입니다. 마음에 있는 자를 위해 기도하면 더 큰 능력이 나타납니다.

빌립보 성도들은 사도 바울이 예수님을 전하다가 감옥에 갇혔을 때에 그를 돌아보았고 하나님은 택한 백성을 도운 사람을 보호하고 축복했습니다.

순종과 복음에 참여하는 삶은 큰 기쁨입니다.
복음에 참여하는 자는 잘 될 수 밖에 없습니다. 매임과 복음을 변명하고 확정함에 모두가 참여하기를 바랍니다. 고난은 우리의 인생을 지배하지 못합니다.
택한 백성들은 성령의 도움으로 거룩한 삶을 유지하고 세상을 이깁니다. 그러므로 인내함으로 세상 유혹에 빠지지 말고 거룩한 사역에 참여합시다. 주님이 뜻하신 것은 꼭 이루어집니다. 하나님이 보호하심을 믿습니다.

주님 앞에
자랑거리가 있는 삶으로,
순교의 정신을 갖고
빛의 사녀로 살아갑시다.

02

하나님을 증인 삼는 삶

빌립보서 1:8~11

환경을 이기는 사람은 행복한 사람입니다. 이 땅에 인간에게 진정한 행복을 주는 환경은 존재하지 않습니다. 범죄한 아담과 하와는 낙원에서 쫓겨나 가시와 엉겅퀴를 내는 곳에서 살았습니다. 하나님과의 단절에서 오는 고통의 환경이었습니다. 그리고 노동과 잉태의 고통을 겪게 되었습니다. 이러한 환경을 극복할 수 있는 길은 하나님과의 관계를 회복하는 것 뿐입니다. 울 수밖에 없는 곳에서 웃고, 불평할 수밖에 없는 상황에서 감사하려면, 성령 충만을 받아야 합니다. 복음을 전하다가 감옥에 갇히게 된 사도 바울은 빌립보 성도들을 생각하면서 하나님께 감사했습니다. 기도할 때마다 기쁨이 충만했습니다. 이 기쁨은 소유나 명예로 얻어지는 것이 아닌 하늘로부터 오는 신령한 기쁨이었습니다. 싸늘한 감옥에서도 바울의 심령에는 낙이 있었습니다.

"주의 궁정에서의 한 날이 다른 곳에서의 천 날보다 나은즉 악인의 장막에 사는 것보다 내 하나님의 성전 문지기로 있는 것이 좋사오니" 시 84:10

호화스러운 집에서 생활이 풍요롭고, 자유가 보장되어도 우울과 불안, 분노와 슬픔, 불면증에 시달리는 사람이 있다면 그는 예수 그리스도를 구주로 믿고 성령의 사람이 되어야 합니다. OECD 국가 중에 우리나라는 오랜 기간 자살률 1위를 차지하고 있습니다. 이는 환경이나 권력, 경제력이 인생에 참 의미를 부여하지 못함을 보여줍니다. 정치인 중 몇 사람도 검찰 조사를 앞두고 혹은 이후에 자살을 선택했습니다. 수치심이나 두려움 때문이었을 것입니다. 그러나 바울은 감옥에서도 기뻐하며 감사 기도를 드렸습니다. 성령께서 사도 바울의 마음을 주장하였으며, 그의 마음은 빌립보교회 성도들에 대한 사랑으로 가득했기 때문입니다. 그들은 바울의 선교에 열심히 협력한 사람들로서 사도는 지금 그들을 생각하며 간구하고 있습니다. 그는 편지를 받는 성도들에게 자신의 마음을 알리고 싶었습니다.

그리스도의 심장으로 사모하라

내가 예수 그리스도의 심장으로
너희 무리를 얼마나 사모하는지
하나님이 내 증인이시니라

빌립보서 1:8

심장의 크기는 사람의 주먹만 하고, 무게는 250~350그램 정도 된다고 합니다. 심장은 '마음'으로서, 성경학자들에 따르면 지적, 정서적, 의지적, 신체적 에너지의 근원이라고도 합니다. 심장은 육체의 한 부분만이 아니라 정신과 생활의 중심이요, 하나님과의 접촉점입니다. 바울은 이 중심이 바뀌었습니다. '예수 그리스도의 심장으로'라는 말은 예수 그리스도의 심장을 이식받았다는 의미입니다. 하나님은 성령으로 사도 바울의 심장을 바꾸어주셨습니다. 하나님은 바울이 빌립보 성도들을 예수님의 심장으로 사랑하는 것을 아셨습니다. 미움을 사랑으로, 지상중심의 삶을 천국중심의 삶으로, 율법의 사람을 그리스도의 사람으로 바꾸어 주셨습니다.

우리는 누구의 심장, 누구의 마음으로 살아가고 있습니까? 그리스도의 마음으로 살아가면 하나님을 생각하고, 십자가 순종을 생각하고, 영혼구원을 위해 십자가 지는 수고를 아끼지 않습니다. 그뿐 아니라 다른 사람들이 몰라준다고 낙심하지도 않습니다. 내

"

마음과 주장에 대해 증인이 되어줄 사람은 찾기 쉽지 않습니다. 그러나 모든 것을 아시는 하나님을 증인 삼으면 양심의 자유를 가지고 담대하게 살 수 있습니다. 바울은 하나님이 내 증인이라고 했습니다.

"여호와께서 너를 실족하지 아니하게 하시며 너를 지키시는 이가 졸지 아니하시리로다 이스라엘을 지키시는 이는 졸지도 아니하시고 주무시지도 아니하시리로다" 시 121:3-4

전지전능하시고 무소부재하신 하나님을 증인으로 삼으면 담력을 갖고 당당하게 살 수 있습니다. 그러므로 바울은 감옥에 홀로 있으면서도 기쁨을 가득 채우는 고요한 시간을 보냈습니다.

지식과 총명이 풍성하기를 기도하라

내가 기도하노라
너희 사랑을 지식과 모든 총명으로
점점 더 풍성하게 하사
너희로 지극히 선한 것을 분별하며
또 진실하여 허물없이 그리스도의 날까지 이르고

빌립보서 1:9-10

바울은 지식과 총명으로 사랑을 더욱 풍성하게 하기를 기도했습니다. 사랑은 아름답지만 때로는 눈물의 씨앗이 되기도 합니다.

능력자로
서라

세속적 사랑은 자신만을 생각합니다. 편안한 삶을 위해 돈을 사랑하기도 합니다.

"돈을 사랑함이 일만 악의 뿌리가 되나니 이것을 탐내는 자들은 미혹을 받아 믿음에서 떠나 많은 근심으로써 자기를 찔렀도다" 딤전 6:10

삼손은 이방 여인 들릴라를 사랑했습니다.

"들릴라가 삼손에게 이르되 당신의 마음이 내게 있지 아니하면서 당신이 어찌 나를 사랑한다 하느냐 당신이 이로써 세 번이나 나를 희롱하고 당신의 큰 힘이 무엇으로 말미암아 생기는지를 내게 말하지 아니하였도다 하며 날마다 그 말로 그를 재촉하여 조르매 삼손의 마음이 번뇌하여 죽을 지경이라" 삿 16:15-16

말씀을 떠난 사랑은 큰 낭패를 봅니다. 지식과 모든 총명으로 풍성하여 바른 지식으로 사랑하는 것이 중요합니다.

"여호와를 경외하는 것이 지식의 근본이거늘 미련한 자는 지혜와 훈계를 멸시하느니라" 잠 1:7

참 사랑은 여호와를 경외하면서 행합니다. 총명은 영적인 분별력과 깨달음으로 보이지 않는 것을 볼 수 있는 능력입니다. 이를 통해 사랑은 점점 더 깊어집니다.

하나님을 바르게 깨닫는 복은 성도에게 큰 복입니다. 지극히 선한 것을 분별하는 복 역시 중요합니다. 분별력은 건강한 삶의 기본입니다. 진리와 비진리를 분별하지 못하면 이단에 빠지고, 선의 기준을 알지 못하여 악을 선으로 착각하기도 합니다. 성령의 인도를 받지 못하고 자신의 경험과 이성을 주장하면 생명과 대신 선악과를 먹습니다. 사도 바울은 성도들에게 선한 분별력이 있고 진실하고 허물이 없기를 간절히 기도했습니다. 사람의 실력만으로는 진실함을 지키기 어렵습니다. 성령의 능력이 있어야 합니다. 진실의 기준은 그리스도입니다. 예수 그리스도의 십자가 구속의 은총으로 진실하게 살아봅시다. 잠시 동안이 아니라, 천국 가는 그 날까지 그리스도의 사람으로 살아야 합니다.

의의 열매 가득하기를 기도하라

예수 그리스도로 말미암아

의의 열매가 가득하여

하나님의 영광과 찬송이 되기를 원하노라

빌립보서 1:11

의는 하나님께 속한 것입니다. 의는 예수님께 속했고, 성령의 사역으로 이루어집니다. 포도나무에 포도가 열리고, 감나무에 감이 열리듯 의는 예수 그리스도를 통해 맺어지는 열매입니다. 의는 인간을 가장 행복하게 합니다. 그리고 의는 교회를 통해, 성도들을 통해 자라고 나타납니다. 바울은 예수 그리스도와 연결되어 있기 때문에 예수님의 심장으로 사랑했습니다.

그는 근본 하나님의 본체시나

하나님과 동등 됨을 취할 것으로 여기지 아니하시고

오히려 자기를 비워 종의 형체를 가지사

사람들과 같이 되셨고 사람의 모양으로 나타나사

자기를 낮추시고 죽기까지 복종하셨으니

곧 십자가에 죽으심이라

빌립보서 2:6-8

예수님의 심장을 발견함으로 바울의 삶은 항상 기뻐하고 쉬지 않고 기도하고 범사에 감사했습니다. 이것이 하나님의 뜻이기 때문입니다.

주님의 심장으로 하나님을 증인 삼고 살아갑시다. 몸의 다른 장기(臟器)들이 모두 건강해도 심장이 병들면 생명의 위협을 받습니다. 환경이 바뀌고 다른 기관들이 회복되어도 심장이 회복되지 않으면 여전히 생명은 위협받습니다. 환경이 좋아진다고 병이 다 낫는 것은 아닙니다. 중요한 것은 심상의 변화입니다. 마음의 변화가 먼저입니다. 심령이 바뀌면 환경도 바뀔 수 있습니다. 이젠 보혈의 능력을 믿고 힘입어 예수님을 닮은 승리의 삶을 살기를 바랍니다.

03 /

기쁨의
근원을
분별하는
삶

빌립보서 1:12~18

미국의 정치가이자 독립 운동가였던 패트릭 헨리는 "자유가 아니면 죽음을 달라!"고 외쳤습니다. 이처럼 자유는 사람들의 공통적인 욕구입니다. 죄를 지은 사람은 감옥에 가누어 사회와 격리시키고 자유를 제한합니다. 독방에 갇힌 사람은 외로움에 더욱 고통스러워합니다. 때로는 힘의 논리에 의해 자유를 제한받는 것이 세상 이치입니다. 악인이 권력을 잡으면 의인은 고통을 당하고 백성은 불행해집니다. 그러나 의인이 권력을 잡으면 악인이 심판을 받고 백성이 행복해집니다.

야곱의 아들 요셉은 하나님이 주신 비전이 있었습니다. 그는 아버지 중심으로 살다가 형제들에게 미움을 받아 애굽으로 팔려갔고, 주인 보디발의 아내가 유혹할 때에도 넘어가지 않았습니다. 요셉은 신념을 지켰지만 바울처럼 억울하게 감옥에 갔습니다.

"그의 주인이 자기 아내가 자기에게 이르기를 당신의 종이 내게 이같이 행하였다 하는 말을 듣고 심히 노한지라 이에 요셉의 주인이 그를 잡아 옥에 가두니 그 옥은 왕의 죄수를 가두는 곳이었더라" 창 39:19-20

의인이 악인처럼, 악인이 의인처럼 대우받을 수 있습니다. 처음에는 악인이 기세등등해도 아침안개와 같습니다. 그러므로 악인의 형통함을 부러워할 필요는 없습니다. 악인의 등불은 꺼지고 맙니다.

복음전파에 진전이 되도록 하라

형제들아 내가 당한 일이
도리어 복음 전파에 진전이 된 줄을
너희가 알기를 원하노라

빌립보서 1:12

바울은 로마 감옥에 수감되어 심문을 받음으로 재판관들과 관리들에게 복음을 전할 수 있는 기회를 얻었습니다.

성도가 고난을 당하면 그로 인해 성화가 이루어지고 하나님의 보호를 체험합니다. 고난 당하는 현장에 원수를 멸하시는 하나님의 심판의 손길이 있습니다. 에스더서를 보면 하만의 박해에도 불구하고 모르드개는 더욱 존귀해지고 유다민족은 더욱 돋보이게 되었습니다.

"왕의 능력 있는 모든 행적과 모르드개를 높여 존귀하게 한 사적이 메대와 바사 왕들의 일기에 기록되지 아니하였느냐 유다인 모르드개가 아하수에로 왕의 다음이 되고 유다인 중에 크게 존경받고 그의 허다한 형제에게 사랑을 받고 그의 백성의 이익을 도모하며 그의 모든 종족을 안위하였더라" 에 10:2-3

복음을 전파하고 하나님 나라를 확정하려면 복음에 스스로 매임이 있어야 합니다.

스스로 매이라

형제 중 다수가 나의 매임으로 말미암아

주 안에서 신뢰함으로 겁 없이

바울의 매임을 보고 바울 주위에 있던 믿음의 사람들이 더욱 담력을 얻었습니다. 바울의 매임과 갇힘은 믿음이 세상의 부귀영화를 추구하지 않음을 증명했으며, 생명의 위협을 당하고 고통이 와도 믿음을 지켜야 함을 보여주었습니다. 한국 기독교 역사에서 주기철 목사님이 존경받는 것은 그가 모진 고문을 견디며 신앙을 양보하지 않았기 때문입니다. 손양원 목사님이 존경받는 것도 두 자녀를 죽인 자에 대한 미움을 사랑으로 바꾸어 놓았기 때문입니다. 그래서 그분을 "사랑의 원자탄"이라 부릅니다.

한국 기독교 역사에서 일제의 박해가 교회에 유익한 부분도 있습니다. 핍박으로 인하여 한국 교회는 타협 없는 신앙의 유산을 남겼고 참 성도와 참 교역자를 구별했습니다. 사도 바울의 매임은 주님의 살아 계심을 보여주었고, 재판관과 총독, 간수 등에게 복음을 전할 수 있는 기회를 얻었습니다.

"뜻을 풀어 그리스도가 해를 받고 죽은 자 가운데서 다시 살아나야 할 것을 증언하고 이르되 내가 너희에게 전하는 이 예수가 곧 그리스도라 하니" 행 17:3

또, 바울을 따르는 자들에게 자신을 생명을 드려 복음 전하는 자로 알게 하는 유익이 있었습니다.

하나님께서는 사무엘의 어머니 한나에게 오랜 세월 자녀를 주지 않았습니다. 그 일로 인하여 한나의 믿음이 성숙했습니다.

"서원하여 이르되 만군의 여호와여 만일 주의 여종의 고통을 돌보시고 나를 기억하사 주의 여종을 잊지 아니하시고 주의 여종에게 아들을 주시면 내가 그의 평생에 그를 여호와께 드리고 삭도를 그의 머리에 대지 아니하겠나이다" 삼상 1:11

이 기도는 나실인, 곧 구별된 사람을 구하는 기도였습니다. 한나는 자기 자신만을 위해 자식을 구한 것이 아닙니다. 당시 나실인이 필요했기에 '하나님의 사람'을 구한 것입니다. 우리는 기도할 때 먼저 하나님 나라와 의를 위해서 해야 합니다.

기쁨의 근원을 찾으라

바울은 자신이 당하는 고통보다 그리스도를 알리는 것에 큰 비중을 두었습니다. 예수님은 영혼을 구원하러 오셨습니다. 교회의 사명도 영혼구원입니다. 영혼구원 없는 선행, 하니님께 영광이 돌아가지 않는 사역은 육신의 운동에 불과합니다. 바울은 영혼구원을 위해 외로움, 고난, 환난, 박해, 감옥도 피하지 않았습니다.

어떤 이들은 투기와 분쟁으로,

어떤 이들은 착한 뜻으로 그리스도를 전파하나니

이들은 내가 복음을 변증하기 위하여

바울이 감옥에 갇혔을 때 두 가지 반응이 나타났습니다.
바울을 하나님의 사람, 예수님을 닮은 사람으로 여기고 그를 따라 복음을 전하는 사람들이 있었습니다. 반면에 비아냥거리면서 조롱하는 사람도 있었습니다. 오늘날도 예배당을 건축하면 '건물에 돈을 너무 많이 쓴다. 가난한 사람이나 주지' 라고 말하는 사람이 있는 반면, '하나님이 기뻐하는 일을 하는 것 보니 복 많이 받고 후손이 잘되겠구나!' 하는 이들도 있습니다. 또 목회자가 약하면 '저토록 무리해서라도 주의 일을 하는 것을 보니 성령에 감동되고 영혼을 사랑하는구나!' 하는 사람들이 있는 반면, '주님이 목사를 강하게 할 수 없느냐, 기도하는데도 약하니 이해가 안 간다.' 라고 하는 사람도 있습니다.
모세가 이스라엘 백성을 데리고 출애굽 할 때, 홍해 앞에서 기도하는 사람과 원망하는 사람이 있었습니다. 광야에서 목이 마를 때도 기도하는 사람과 불평하는 사람이 있었습니다. 지혜로운 사람은 현재의 환경 속에서 하나님의 계획을 보며 참 기쁨의 근원을 발견합니다. 신령한 눈을 열어 하나님이 예비한 복을 보십시오. 하나님은 우리를 사랑하십니다. 우리 앞에 놓인 모든 일들은 우리의 유익을 위한 것들입니다.

> 그러면 무엇이냐 겉치레로 하나
> 참으로 하나 무슨 방도로 하든지
> 전파되는 것은 그리스도니
> 이로써 나는 기뻐하고 또한 기뻐하리라
>
> **빌립보서 1:18**

신앙의 바른 자세는 예수님 중심의 삶입니다. 주님이 나를 위해 존재하는 것이 아니라 내가 주의 영광을 위해 존재하는 것입니다. '나를 증명해 주세요, 복 주세요. 다른 사람보다 높여주세요.'라고 기도하면 실패합니다. 내가 진짜고 너는 가짜라는 식의 기도와 가치관도 문제입니다. 바울은 자신의 우월함을 증명하기보다는 하나님께 쓰임 받는 자체에 행복해했고, 복음이 전파되는 것만을 그의 기쁨으로 삼았습니다.

고난의 유익을 체험하고 기도의 내용과 자세를 점검합시다. 그리고 우리의 기쁨의 근원이 어디인지 살펴봅시다. 그리스도 밖에 있으면 언젠가는 탄식할 날이 옵니다. 지상의 것들은 계속 변화합니다. 세상의 환경과 육체는 무너지나 영혼은 영원합니다. 주 안에서 얻어지는 기쁨, 환경을 초월하여 생기는 기쁨, 바울이 감옥에서 가졌던 영원한 기쁨을 가지길 바랍니다.

04 /

자랑이 있는 삶

빌립보서 1:19~26

환경에서 기쁨을 찾는다면 오늘의 기쁨이 내일의 슬픔이 될 수도 있습니다. 그러나 그리스도 안에서 기쁨을 찾으면 항상 기뻐할 수 있고 범사에 감사할 수 있습니다. 사도 바울은 비록 육체는 감옥에 있었지만 심령은 천국의 누림이 있었고 그의 영혼은 성령에 감동되었습니다. 사람들은 사도 바울을 얽매어 가두고 괴로움을 더하게 했지만, 그는 그리스도가 전파되므로 기뻐하고 기뻐했습니다.

기쁨에는 기대가 있습니다. 농부가 씨를 뿌리면서 기뻐하는 것은 가을의 수확을 기대함이요, 일꾼이 땀을 흘리면서 기뻐하는 것은 일한 대가가 있음을 알기 때문입니다. 사도 바울이 기뻐한 이유 중 하나는 배후에서 기도하는 성도들 때문이었습니다. 빌립보 성도들은 사도 바울을 위하여 하나님께 간구했습니다.

성도들이 목회자를 위해 기도할 때 목회자는 복음을 더 잘 전할 수 있습니다. 헤롯이 예수님의 제자들을 해하려고 했을 때입니다. 예수님의 제자 중 야고보를 잡아 죽이니 유대인들이 기뻐했습니다. 이 모습을 보고 헤롯은 베드로도 잡아 옥에 가두었고 죽이고자 했습니다.

그때 성도들은 모여서 함께 베드로를 위해 간구했습니다. 하나님께서는 베드로를 위한 성도들의 기도를 들으시고 헤롯이 죽이고자 하는 전날 밤에 천사를 보내어 그를 옥에서 나오게 했습니다. 기도하는 지도자도 위대하지만 뒤에서 기도하는 성도가 있을 때 목회자는 더 큰 권능으로 일할 수 있습니다.

이것이 너희의 간구와

예수 그리스도의 성령의 도우심으로

나를 구원에 이르게 할 줄 아는 고로

빌립보서 1:19

사도 바울은 성도들의 기도를 생각하면서 기뻐했습니다. 예수 그리스도께서 도우심으로 자신이 구원에 이르게 될 줄 알았습니다. 바울에게는 성령께서 도우셔서 세상에 빠져들지 않고 복음사역을 할 수 있다는 믿음이 있었습니다. 하나님은 바울을 성화시켰습니다. 여기서 '구원'이라는 말은 '성화'를 의미합니다.

그러므로 나의 사랑하는 자들아
너희가 나 있을 때뿐 아니라
더욱 지금 나 없을 때에도
항상 복종하여 두렵고 떨림으로 너희 구원을 이루라

빌립보서 2:12

나의 간절한 기대와 소망을 따라
아무 일에든지 부끄러워하지 아니하고
지금도 전과 같이 온전히 담대하여
살든지 죽든지 내 몸에서 그리스도가
존귀하게 되게 하려 하나니

빌립보서 1:20

성령께서 우리를 감동케 하셔서 신앙생활을 잘 할수 있습니다. 그러므로 감사하며 믿음과 소망을 가지고 복음에 부끄러움이 없어야 합니다. 기도의 능력을 믿습니까? 성령의 역사를 믿습니까? 믿으면 담력이 생깁니다.

하늘 시민인 것을 믿으라

사도 바울은 살든지 죽든지 그리스도가 존귀하게 되게 하려 했습니다. 이것은 삶과 죽음을 초월하여 그리스도를 높이는 삶입니다. 바울이 왜 이렇게 변했습니까? 다메섹으로 가는 길에서 예수님을 만났기 때문입니다. 그는 편견에 사로잡혀 예수님을 이단으로 알고 있다가 예수님을 만난 후 완전히 변화되었습니다. 예수 그리스도의 비밀을 깨닫고 난 후 그는 이렇게 고백합니다.

> 또한 모든 것을 해로 여김은
> 내 주 그리스도 예수를 아는 지식이
> 가장 고상하기 때문이라
> 내가 그를 위하여 모든 것을 잃어버리고
> 배설물로 여김은 그리스도를 얻고
>
> 빌립보서 3:8

예수 그리스도를 모르면 가문, 학벌, 돈, 권력, 힘을 자랑합니다. 그러나 예수님을 알면 자랑할 것이 예수님 밖에 없습니다. 예수님이 안보이면 세상 중심으로 생각합니다. 교회 안에서도 세상 냄새를 풍기고 영혼에 대한 관심 보다는 돈과 권력으로 자신의 존재를 확인하려고 합니다. 성경은 이런 사람을 육에 속한 사람이라고 합니다. 바울은 고백하기를 예수 그리스도를 아는 지식이 가장 고상하다고 했습니다.

내가 그 둘 사이에 끼었으니

차라리 세상을 떠나서 그리스도와 함께 있는 것이

훨씬 더 좋은 일이라 그렇게 하고 싶으나

내가 육신으로 있는 것이

너희를 위하여 더 유익하리라

빌립보서 1:23-24

이는 유학 중인 자녀를 따라 외국에 가서 뒷바라지 하는 엄마의 마음과 같습니다. '두 집 살림하는 것이 쉽지 않구나. 나는 너를 떠나 아빠가 계신 한국에 있는 편이 더 좋지만 내가 여기에 있는 것이 너에게 더 유익하니까 있는 것이다.'

천국시민이 된 후 바울은 이 세상을 떠나서 그리스도와 함께 있기를 원했습니다. 이것은 천국에 대한 확신이 있을 때 가능한 것입니다. 순교를 행복으로 느끼는 삶입니다.

말씀을 준비하면서 바울에 비해 제 자신이 너무 초신자 같다는 느낌을 받았습니다. 저는 천국을 믿지만 빨리 가고 싶은 생각은 없습니다. 주의 일을 더 하다가 가고 싶습니다. 제가 오래 사는 것이 우리 성도들에게 더 유익하리라는 분명한 믿음이 있기 때문입니다. 오래 살면 상대에게 짐이 되고 말만 해도 세속의 냄새를 풍기는 사람도 있습니다. 그러나 오래 살면 살수록 민족과 교회와

가정에 유익하고 하나님께 영광이 되는 사람이 있습니다. 하늘의
시민으로, 천국중심의 삶을 살아봅시다.

믿음이 진보되게 하라

빌립보서 1:25

바울은 자신이 이 땅에서 살아야 할 당위성을 말하고 있습니다.
그는 자신의 삶이 빌립보 성도들의 믿음에 진보를 가져다줄 것이
라고 믿었습니다. 그는 본을 보여 빌립보 성도들의 믿음을 키우
고 말씀전파에 힘을 기울이고 또 편지를 써서 성도를 양육했습니
다. 인생 최고의 기쁨은 바로 영혼구원, 곧 영원히 사는 것입니다.
구원의 문제가 해결되지 않은 사람은 낭떠러지로 달려가는 차에
올라탄 것과 같습니다. 불구덩이로 떠밀려가는 것과 같습니다.
그렇게 되지 않으려면 예수 그리스도 안에 거하며 천국의 확신을
가져야 합니다. 천국 없는 인생은 백년, 천년을 살아도 기쁨이 없
습니다. 없어질 것에 마음을 두었다가 마음 상하지 말고, 그동안
의 실패와 아픔은 다 잊고 기쁨으로 행할 영원의 일을 생각하면
서 남은 날을 잘 설계하시길 바랍니다.

서로에게 자랑거리가 되라

자랑거리가 있는 사람은 행복합니다. 어리석은 자는 부끄러운 것들을 자랑합니다. 돈, 힘, 술, 연애 경험 등을 자랑하는 사람은 아침 안개를 자랑하는 것과 같으며, 안개를 양탄자로 알고 올라탄 것과 같습니다. 바울은 빌립보 성도들이 자신으로 인해 행복하기를 원했습니다. 그리고 자신이 예수 그리스도를 자랑하는 것처럼 빌립보 성도들도 자신으로 말미암아 예수님 안에서 자랑거리가 풍성해지기를 원했습니다.

저는 행복한 목회자와 성도들을 보았습니다. 제주도의 한 수련장에 갔을 때 그곳을 관리하는 장로님이 자신의 교회 담임목사님을 자랑하면서, 세월도 목사님을 피해가지 못함을 너무 안타까워했습니다. 또 어떤 교회 목사님은 교회의 충성스러운 장로님을 자랑하면서 한국교회에 그 분 같은 분만 있으면 나라가 새로워질 것이라고 했습니다.

목회자는 성도들에게 자랑거리를 만들어 주며 성도들을 자랑하고, 교회를 평안하게 해야 그 사명을 다하는 것입니다. 때로 목회자에게 자랑보다는 염려와 근심을 끼치고 수치심을 느끼게 하는 직분자도 있습니다. 그런 분들은 회개해야 합니다. 상대에게 유익을 주도록 합시다.

믿음을 써서 풍성한 자랑거리를 만들어 봅시다.

기도의 능력을 믿습니까?
성령의 역사를 믿습니까?
믿으면 능력이 생깁니다.

05

복음의 신앙을 힘쓰는 삶

빌립보서 1:27~30

/ /

씨앗은 죽어야 많은 열매를 맺습니다.

"내가 진실로 진실로 너희에게 이르노니 한 알의 밀이 땅에 떨어져 죽지 아니하면 한 알 그대로 있고 죽으면 많은 열매를 맺느니라 자기의 생명을 사랑하는 자는 잃어버릴 것이요 이 세상에서 자기의 생명을 미워하는 자는 영생하도록 보전하리라" 요 12:24-25

밀알의 능력은 죽음에서 나옵니다. 생명 없는 씨앗은 썩는 것으로 끝이 나지만 그 속에 생명이 있는 씨앗은 썩음으로 새 생명을 탄생시킵니다. 예수님 안에 있으면 생명이 있습니다. 그러나 예수님을 떠나 생명을 보전하려고 하면 잃고, 예수 그리스도를 위해 생명을 버리면 영원토록 보전됩니다. 모든 생명은 자기희생을 통해 오늘날까지 지속되어 왔습니다. 성령의 감동된 삶과 영원한 나라의 상급을 위해서는 분초(分秒)를 아껴야 합니다.

한 직분자가 기도제목에 '저는 너무 바빠서 아플 시간이 없습니다. 기도해 주세요. 가족구원과 성전건축을 위해, 작정연보한 것을 이루기 위해서는 열심히 살아야 하므로 시간이 없습니다.'라고 쓰신 것을 보았습니다. 이 분의 기도제목을 보면서 이것이 그리스도 안에서 살아가는 삶이며, 한 알의 밀알이 되는 삶이라고 생각했습니다. 그의 삶은 많은 열매를 맺어가는 수고의 삶이므로 분초가 매우 보람될 것입니다. 그를 통해 영혼구원과 목회에 큰 발전이 있을 것입니다.

복음에 합당하게 생활하라

오직 너희는
그리스도의 복음에 합당하게 생활하라
이는 내가 너희에게 가 보나 떠나 있으나
너희가 한마음으로 서서
한 뜻으로 복음의 신앙을 위하여 협력하는 것과

빌립보서 1:27

사도 바울은 예수 그리스도를 믿는 우리에게 복음에 합당한 생활을 하라고 권면했습니다. 얼마 전 조선족 한 분이 우리나라 주민 등록증을 받고 매우 감격해 하는 것을 보았습니다. 이제 그는 정치에 참여하고 투표도 할 것입니다. 의료보험 혜택도 받습니다. 이러한 권리 외에 의무도 있습니다. 이제부터 나라의 법을 지키며 살아야 합니다.

복음에 합당하게 생활하라는 말씀은 사랑의 동기에서 주신 말씀입니다. 복음을 받기만 하지 말고 행하라는 말씀입니다. 들은 것을 행하고 생활로 나타낼 때 환경이 변화합니다.

하나님의 백성으로 생활하는 방법은 무엇입니까? 그것은 한 마음, 한 뜻으로 복음의 신앙을 위하여 협력하는 것입니다. 여기서 한 마음이란 예수님의 마음을 가리킵니다.

"다만 그들이 항상 이같은 마음을 품어 나를 경외하며 내 모든 명령을 지켜서 그들과 그 자손이 영원히 복 받기를 원하노라" 신 5:29

한 마음은 한 영(靈), 곧 성령에서 나옵니다. 성령으로 감동될 때 한 마음이 됩니다.

"오직 성령의 열매는 사랑과 희락과 화평과 오래 참음과 자비와 양선과 충성과 온유와 절제니 이같은 것을 금지할 법이 없느니라" 갈 5:22-23

천국시민은 하나님의 뜻을 이 땅에서 이루는 사명이 있습니다. 예수 그리스도의 증인이 되는 것입니다. 이 일은 서로 협력함으로 이루어갈 수 있습니다. 바울은 마귀와 불신과의 싸움에서 빌립보 성도들이 서로 협력하기를 원했습니다. 마귀는 서로의 불신을 조장하고 지역 감정, 이념적 갈등, 빈부의 갈등을 부추깁니다. 하나님의 백성이 세상을 이기려면 하나가 되어야 합니다. 예수님께서도 제자들의 하나 됨을 위하여 세 번이나 기도하셨습니다. "나는 세상에 더 있지 아니하오나 그들은 세상에 있사옵고 나는 아버지께로 가옵나니 거룩하신 아버지여 내게 주신 아버지의 이름으로 그들을 보전하사 우리와 같이 그들도 하나가 되게 하옵소서" 요 17:11

마틴 루터의 종교개혁은 그와 함께 협력한 필립 멜란히톤이란 사람이 있었기 때문에 성공할 수 있었습니다. 루터가 낙심할 때마다 멜란히톤은 "당신이 성경에서 발견한 것을 진리라고 확신하면 절대로 약해지지 말고 믿음으로 나아가십시오. 진리는 승리합니다."라고 격려하며 용기를 북돋아 주었습니다. 우리의 삶에도 이와 같은 협력자가 필요합니다. 만나면 힘이 나고 신앙을 성장하게 해주는 사람이 필요합니다. 가정도 가족들이 협력할 때 행복합니다. 한 마음, 한 뜻, 곧 주님의 마음이 있으면 복음의 문이 열립니다.

대적자를 두려워하지 말라

무슨 일에든지 대적하는 자들 때문에
두려워하지 아니하는 이 일을 듣고자 함이라
이것이 그들에게는 멸망의 증거요

두려움은 하나님께서 주시는 마음이 아닙니다. 하나님께서는 우리에게 평안을 주십니다. 하나님께서는 이스라엘 백성들이 애굽에서 종살이하는 것을 보시고 마음껏 신앙생활을 할 수 있도록 가나안 땅으로 불러내셨습니다. 홍해를 건너고 가나안으로 들어가기 전에 모세는 열두 명의 정탐꾼들을 보냈습니다. 그런데 똑같은 상황을 보았는데도 전혀 다른 두 가지 보고가 나왔습니다. "그와 함께 올라갔던 사람들은 이르되 우리는 능히 올라가서 그 백성을 치지 못하리라 그들은 우리보다 강하니라 하고 … 거기서 본 모든 백성은 신장이 장대한 자들이며 거기서 네피림 후손인 아낙 자손의 거인들을 보았나니 우리는 스스로 보기에도 메뚜기 같으니 그들이 보기에도 그와 같았을 것이니라" 민 13:31-33

열 명의 정탐꾼들은 가나안의 기골이 장대한 거인들을 보고 자신들은 메뚜기 같다고 했습니다. 그들은 환경을 보고 두려워했습니다. 그 땅과 사람들을 보자 가나안에 들어가는 것을 포기했습니다. 그들은 위축되어 하나님과 모세의 뜻과는 전혀 다른 주장을 했습니다. 우리는 그들은 이기지 못할 것이라 했습니다. 하나님의 능력을 보지 못한 채 두려움만 보고함으로 백성들을 근심시켰습니다. 메뚜기의 자아상을 가진 사람들이었습니다.

그러나 여호수아와 갈렙은 가나안 땅의 거인들을 하나님이 주신 먹이로 보았습니다.

"다만 여호와를 거역하지는 말라 또 그 땅 백성을 두려워하지 말라 그들은 우리의 먹이라 그들의 보호자는 그들에게서 떠났고 여호와는 우리와 함께 하시느니라 그들을 두려워하지 말라 하나" 민 14:9

하나님 백성의 자아상은 두려워하지 않는 것입니다. 하나님의 뜻을 이루어 가려면 하나님의 뜻대로 나아가야 합니다. 두려움과 염려에 제압당하지 맙시다. 이것은 "우리의 밥이니 먹어 치우자"라고 당당히 외쳐봅시다. 우리는 이길 수 있습니다. 넉넉히 극복해 나갈 것입니다. 하나님의 능력으로 해 낼 것입니다.

고난의 길을 피하지 말라

그리스도를 위하여
너희에게 은혜를 주신 것은
다만 그를 믿을 뿐 아니라
또한 그를 위하여 고난도 받게 하려 하심이라

빌립보서 1:29

예수를 믿기 시작하면 고난의 문으로 들어갑니다. 폭력조직에 속해 있다가 바르게 살려고 조직을 빠져 나오고자 하면 그때부터 조직폭력배들은 그를 원수로 알고 대적합니다. 사도 바울이 하나님의 은혜를 체험하고 예수 그리스도를 전하자 이전에 함께 그리스도인을 박해했던 자들이 그의 대적자가 되었습니다. 그러나 고난도 하나님의 은혜입니다.

"고난 당한 것이 내게 유익이라 이로 말미암아 내가 주의 율례들을 배우게 되었나이다" 시 119:71

은혜의 크기만큼 고난도 큽니다.

"다만 이뿐 아니라 우리가 환난 중에도 즐거워하나니 이는 환난은 인내를, 인내는 연단을, 연단은 소망을 이루는 줄 앎이로다" 롬 5:3-4

주의 일에 앞장설 때 때로는 대적이 많아집니다. 그러나 그 자체가 은혜입니다. 하나님께서는 고난을 당하는 자를 보고 계십니다. 밤이 깊어질수록 아침이 다가오듯 심한 고난 끝에 아침이 옵니다.

> 너희에게도 그와 같은 싸움이 있으니
> 너희가 내 안에서 본 바요
> 이제도 내 안에서 듣는 바니라
>
> **빌립보서 1:30**

바울의 영적 전쟁을 보면서 승리케 하시는 하나님을 온전히 믿고 범사에 감사합시다. 부정적인 말을 하지 말고, 남의 일에 간섭하지 말고, 마귀를 대적하면서 나아갑시다. 예수님께서 십자가에서 승리 했듯이 십자가 군병들도 승리할 것입니다.

지금 마귀의 대적은 패잔병이 뒤에서 발꿈치를 상하게 하는 것에 불과합니다. 일어납시다. 믿음이 있는 자는 꼭 성공합니다.

밤이 깊어질수록
아침이 다가오듯
심한 고난에도
끝은 옵니다.

2부

겸손하고도
빛나기를

06

겸손으로 섬기는 삶

빌립보서 2:1~4

/ /

눈 덮인 길을 걷다보면 발자국이 남습니다. 길 위에 난 발자국은 사람들에게 하나의 이정표가 됩니다. 저도 어릴 때 어른들의 발자국을 따라 눈길을 안전하게 걸어간 경험이 있습니다.

인생에는 연습이 없습니다. 한 번 뿐인 인생에서 우리는 누군가를 만나고, 누군가를 따르고, 누군가와 더불어 살아야 합니다. 그러므로 인생에서 만남은 매우 소중합니다. 만남 가운데 지식과 행동이 결정되고 어떤 결과에 도달합니다. 예수님을 만나는 사람들은 자신이 죄인인 것을 깨닫고 옛 삶을 버립니다. 고집불통의 성격과, 싸우고 다투는 육신의 습관은 깨어지고 하나님의 자녀의

반열에 설수 있습니다. 인간의 타락한 본성 속에는 교만이 자리 잡고 있습니다.

"뱀이 여자에게 이르되 너희가 결코 죽지 아니하리라 너희가 그 것을 먹는 날에는 너희 눈이 밝아져 하나님과 같이 되어 선악을 알 줄 하나님이 아심이니라" 창 3:4-5

하나님과 같이 된다는 뱀의 말을 듣고 아담과 하와는 금단의 과 일인 선악과를 따먹었습니다. 그 후로 죄가 인류의 역사 속으로 들어왔습니다. 인생은 죄로 인해 사망의 지배를 받고 고통의 삶 을 살게 되었습니다. 인생을 불쌍히 여기고 사랑하사, 예수님께 서는 십자가를 지시고 대속의 은혜를 우리에게 입히셨습니다.

우리 인간은 평생을 죄와 불화와 교만과 싸워야 합니다. 우리는 다른 사람보다 조금 낫다고 생각되면 교만해지고 칭찬을 받으면 쉽게 자신을 드러냅니다. 육신의 소욕을 체험했던 사도 바울은 그리스도 안에서 살아가는 방법을 말하고 있습니다.

그리스도 안에서 권면하라

그러므로 그리스도 안에 무슨 권면이나
사랑의 무슨 위로나 성령의 무슨 교제나
궁휼이나 자비가 있거든

빌립보서 2:1

권면이란 잘못된 것, 혹은 잘못되려고 하는 일을 바로 잡아줍니다. 성공을 꿈꾸면서도 하나님을 떠나 세상의 방법으로 사는 사람, 불효하고 불화하는 사람, 어려운 일이 와도 기도와 회개가 없는 사람, 고난에 결박된 사람에게 말씀대로 살라고 권유하여 문제를 해결 받도록 합니다.

개척교회를 시작했을 때였습니다. 신복윤 박사님께서 저에게 "목회는 평생 하는 것이니 젊어서는 힘들어도 열심히 공부하고 바르게 살아야 한다."라고 권면해 주셨습니다. 그 말씀에 순종하여 오십이 넘도록 공부했습니다. 여러분은 말씀으로 권면하는 자를 만났습니까? 권면이 필요한 자에게 권면하지 않으면 그는 잘못된 길로 계속 걷습니다.

권면이 바르게 붙잡아 주는 것이라면 사랑의 위로는 감싸 주는 것입니다. 보호하고 이해하고 용서하고 품어줍니다. 우리 주위에는 자신의 잘못된 행위로 실패한 분들이 있습니다. 그런 분들을 외면해서는 안 됩니다. 목소리를 낮추고, 편안하게 다가가 주님의 사랑을 확인해 주어야 합니다. 조건 없는 아가페 사랑 안에 이해와 용서가 있습니다.

말씀 안에서 이루어지는 교제가 성령의 교제입니다. 교제는 만남에서 시작됩니다. 교제는 좋은 것이지만 성령 밖에서 하는 교제는 유익이 없습니다. 교회 안에서 인간적인 만남을 갖다가 큰 상처를 입고 교회를 떠나는 사람도 적지 않습니다. 재정보증이나 돈 거래는 교회 안에서 하지 않는 것이 좋습니다. 인간적인 교제는 많은 상처를 주고 받습니다. 그래서 사도 바울은 성령 안에서의 교제를 강조했습니다. 초대교회부터 교회는 성도 간의 교제를 가르쳤습니다. 이 교제는 사도들의 가르침 안에서 이루어져야 했습니다. 긍휼과 자비는 남의 고난을 자기의 고난처럼 여겨 같이 아파하고 불쌍히 여기는 마음입니다. 늘 상대방의 입장에서 생각하고 예수님을 기준으로 균형 잡힌 생각과 행동을 해야 아름다운 역사가 나타납니다.

한 마음을 품어라

마음을 같이하여 같은 사랑을 가지고
뜻을 합하며 한마음을 품어

빌립보서 2:2

사람마다 얼굴이 다른 것 같이 마음도 다르고 생각도 각각 다릅니다. 한 가정의 자녀들도, 평생을 함께 살아온 부부도 마음이 다른 것 때문에 갈등합니다. 교회에 모인 성도들도 각각 주장이 다를 수 있습니다. 그래서 바울은 예수 그리스도의 마음으로 같은 마음을 품으라고 했습니다. 복음의 진리 안에서 이기주의를 버리고 주님과 같이 희생해야 같은 마음을 가질 수 있습니다.

"형제들아 내가 우리 주 예수 그리스도의 이름으로 너희를 권하노니 모두가 같은 말을 하고 너희 가운데 분쟁이 없이 같은 마음

능력자로
서라

과 같은 뜻으로 온전히 합하라" 고전 1:10

남녀 간의 사랑도 같은 사랑이어야 합니다. 육적인 사랑도 그럴진대 하물며 영적인 사랑을 육신적으로 이해하면 불행해집니다. 영적인 사랑은 영적으로 이해해야 합니다. 선거철이 되면 지방자치단체장이나 국회의원 후보자들을 만납니다. 그들을 만날 때마다 잘될 거라고 희망을 말해줍니다. 그분들의 영혼을 사랑해서 하는 말인데 그 말을 자신을 지지하는 것으로 이해하기도 합니다. 그러한 오해는 갈등과 시비를 불러일으킬 수 있으므로 영적 사랑을 육신의 상황 내에서 해석해서는 안 됩니다.

주님의 뜻이 이 땅에 이루어지게 하기 위해 성도들은 그 분의 뜻을 합해야 합니다. 자기의 뜻을 주장하면 조화가 깨집니다. 몸 된 교회를 세우고 각자가 하나님의 뜻을 받아들여야 합니다. 뜻이 합해지면 행동이 통일되고 하나님께서 기뻐하는 일이 일어납니다. 하나님께서는 겸손한 삶을 원하십니다.

아무 일에든지
다툼이나 허영으로 하지 말고
오직 겸손한 마음으로
각각 자기보다 남을 낮게 여기고
빌립보서 2:3

다툼이나 허영은 신앙인의 자세가 아닙니다. 여기서 말하는 다툼은 서로 다른 의견의 충돌이 아니라 교회 안에서 계보를 만들고 당을 지어 대적하는 상태를 말합니다. 어떤 형편에도 교회 내에서 계보가 만들어져서는 안 됩니다. 교회는 국회가 아닙니다. 기도하고 성령의 인도를 받아 완전한 하나님의 법을 따라야 합니다.

'허영으로 하지 말라'고 했습니다. 허영은 겉으로 치장하는 것입니다. 허영 대신 겸손한 마음을 가져야 합니다. 겸손은 남을 나보다 낫게 여기는 마음입니다. 겸손해지면 남이 나보다 나아 보입니다. 그러나 교만은 스스로 높아져 상대를 무시합니다. 배운 것과 가진 것 등 인간적인 기준을 가지고 사람을 평가합니다. 교만한 자는 망하지만 겸손한 자에게는 존귀함이 있습니다.

사랑의 수고를 아끼지 말라

우리나라 초대교회 지도자였던 조만식 장로님이 바쁜 일이 생겨 예배에 늦었습니다. 당시 교회 담임목사는 장로님의 제자였던 주기철 목사님이었습니다. 목사님이 예배에 늦은 장로님을 보고 뒤편에서 서서 예배를 드리라고 하자 장로님은 뒷자리에 서서 예배를 드렸습니다. 예배 후 목사님이 장로님에게 기도하라고 하자 "하나님 아버지, 저를 용서하여 주소서. 사람을 만나느라 주님을 만나는 시간에 늦게 왔습니다. 또 주의 종이 말씀을 전하는데 늦게 들어와 주의 종의 마음에 상처를 주고 예배드리는데 어려움을 끼쳤습니다. 용서해 주세요."라고 했습니다. 겸손히 회개의 기도를 드린 장로님을 보고 성도들은 행복해 했고 목사님도 장로님을 더욱 존경하게 되었습니다. 겸손은 존경의 길잡이입니다. 우리도 사도 바울의 말대로 겸손히 주님을 섬기고 사람 사랑하는 지혜를 가져야합니다.

> 각각 자기 일을 돌볼뿐더러
>
> 또한 각각 다른 사람들의 일을 돌보아
>
> 나의 기쁨을 충만하게 하라
>
> **빌립보서 2:4**

성도는 자기 성찰이 있어야 합니다. 그리고 자기 일로 다른 사람에게 의존하지 않으며 상대방의 일까지 돌보아주는 사랑의 수고가 있어야 합니다. 교회와 사람을 위한 사랑의 실천이 하나님을 사랑하는 표현입니다. 도와주는 자가 큰 자요, 섬기는 자가 큰 자입니다. 성공하는 사람은 부지런합니다. 영적인 일도 부지런한 사람이 잘합니다.

"게으른 자여 개미에게 가서 그가 하는 것을 보고 지혜를 얻으라"
잠 6:6

부지런히 복음으로 권면하여 사람들로 바른 길을 가게 하고, 사랑으로 위로하며, 소망을 주며, 말씀으로 하나 되어 세상의 빛과 소금이 되기를 바랍니다.

07

겸손으로
충성하는
삶

빌립보서 2:5-11

//

한 성도가 아내의 전도로 교회에 나오게 되었습니다. 그러나 등록한 이후에도 교회의 문턱만 들락날락하다가 어느 날 심장병으로 수술을 받게 되었습니다. 현대 의학으로는 한계에 이르러 장례준비까지 했다가 주님의 능력을 체험하면서 하나님의 은혜로 살아났습니다. 그는 육체와 영혼이 분리되어 여러 체험을 하였고, 교회와 주의 종의 존귀함을 깨달았습니다. 그 성도가 주님을 사랑하는 마음은 모태신앙인이나 직분자보다 더 간절합니다. 이는 오래 믿어서, 성경공부를 많이 해서가 아닙니다. 하나님께서 은혜를 베푸심으로 영적인 세계를 체험했기 때문입니다. 그는 구원의 확신을 가졌고 하나님의 말씀을 의심 없이 믿게 되었습니다.
그리고 성령의 임재를 확신하며 예배를 드리고 있습니다. 자신의
생각보다 하나님 말씀을 우선합니다.

성령께서 마음에 들어와 역사할 때 주님의 생각과 뜻, 가치관을
품을 수 있습니다. 예수님의 마음을 가지는 것이 큰 은혜와 능력
입니다.

중심을 보라

너희 안에 이 마음을 품으라
곧 그리스도 예수의 마음이니

빌립보서 2:5

사도 바울은 빌립보 성도들에게 그리스도의 마음을 품으라고 권
면했습니다. 부부가 행복을 원하면 서로 사랑하는 마음을 품어야
합니다. 사랑하는 사람을 위한 수고는 누림이요, 보람이요, 행복
입니다. 그러나 사랑하는 마음 없이 잘해 주려고 하면 그 사랑은
일이 되어 부담스럽고 힘이 듭니다. 예수님의 마음을 품으면 생각
과 관점이 바로 서고, 행동하는 모든 것이 이치에 맞습니다. 성령
안에 있으면 역사의 수레바퀴를 돌리시는 이가 하나님인 줄 알기
때문에 두려움이 없어집니다. "물밀듯 내 맘에 기쁨이 넘침은 주
예수 내 맘에 오심~"(찬송가 208장) 환난 속에서도 찬송을 부르는 여

유가 있습니다.

그리고 예수님의 마음을 품으면 사람의 외모를 보지 않습니다.

"여호와께서 사무엘에게 이르시되 그의 용모와 키를 보지 말라 내가 이미 그를 버렸노라 내가 보는 것은 사람과 같지 아니하니 사람은 외모를 보거니와 나 여호와는 중심을 보느니라 하시더라"
삼상 16:7

예수님의 아름다운 마음은 돈으로 사거나 고칠 수 있는 것이 아닙니다. 세상의 수단으로는 얼굴은 고쳐도 마음은 고칠 수 없습니다.

예수님이 주시는 평강은 온유하고 겸손한 마음에 찾아옵니다. 마음이 예수님 밖에 있으면 후회와 자책으로 가득 차고, 부정적 자아 때문에 무의식 중에 부정적인 말과 행동이 나옵니다. 마음의 변화 없이 예수님의 향기를 내려면 고통이지만 예수님의 마음을 품으면 부정적인 나로 인해 후회할 일이 없습니다. 온유하고 겸손하며 남을 나보다 낮게 여기면서 하루하루를 살다보면 지금까지 살아 온 것이 주의 은혜임을 깨닫습니다. 예수님의 마음은 한 알의 밀알이 되는 마음입니다. 하나님께서 나를 통하여 영광 받으시고 나로 인하여 교회와 성도, 세상이 잘되기를 바라는 마음입니다.

미술을 좋아하는 두 친구가 있었습니다. 너무 가난해서 둘이 같이 공부하기에는 무리였습니다. 그래서 한 사람이 먼저 공부하고, 다른 한 사람은 돈을 벌어 뒷바라지를 하기로 했습니다. 나중에 성공하면 다른 친구를 돌보기로 약속하고 한 사람이 먼저 공부를 시작했습니다. 그가 학업을 다 마치고 친구에게로 달려갔을 때 친구는 이미 시기를 놓친 뒤였습니다. 그 친구는 오히려 “주여! 저의 손은 노동으로 굳어져 이미 그림을 그릴 수 없게 되었습니다. 제가 할 몫의 능력을 그에게 주시고 주의 영광을 위해 진실된 그림을 그릴 수 있게 도와주소서!”라고 기도해 주었습니다. 독일의 유명한 화가 알브레히트 뒤러의 “기도하는 손”에 대한 일화입니다. 친구를 성공시키기 위해 자신을 희생한 친구의 기도하는 손은 매우 가치있는 그림이 되었습니다.

예수님의 마음을 가져라

예수님의 마음 중 가장 돋보이는 성품은 겸손입니다. 예수님은 하나님의 신분을 포기한 분이십니다. 우리와 같은 연약한 육체를 입고 이 땅에 오셔서 우리와 함께 계시다가 십자가에서 구원을 완성시켰습니다.

그는 근본 하나님의 본체시나
하나님과 동등됨을 취할 것으로 여기지 아니하시고
오히려 자기를 비워 종의 형체를 가지사
사람들과 같이 되셨고

빌립보서 2:6-7

능력자로
서라

예수님은 본래 성자 하나님으로서, 하늘보좌를 내려놓으시고 종의 형체인 죄인의 모습을 하고 이 땅에 오셨습니다. 우리도 자존심, 명예, 영광, 존귀한 자리를 다 내려놓아야 합니다. 내려놓으면 자유가 있습니다.

"심령이 가난한 자는 복이 있나니 천국이 그들의 것임이요" 마5:3

예수님은 자신을 낮추어 종이 되셨습니다. 생활과, 행위까지 모두 종이 되신 것입니다. 예수님의 마음을 품으면 기쁨으로 종이 될 수 있습니다. 사람들이 독을 뿜어내도 마음 상하지 않고 자존감을 지킬 수 있습니다. 목회를 하면서 때로는 나 자신에게서 종의 모습이 아닌 주인의 모습을 발견합니다. 주님을 이용하여 나의 뜻을 이루려고 합니다. 하나님께 명령하려 하는 내 모습을 발견할 때 송구함을 느낍니다. 성도들도 하나님께 요구하는 것이 많습니다. 그리고 하나님을 하나님으로 대우하지 않을 때도 있습니다. 태산과 같이 요구하고 복을 주면 줄수록 주님의 뜻을 벗어나는 모습을 봅니다. 이것은 참 겸손이 아닙니다. 하나님께서 주신 겸손은 사랑입니다.

"자녀들아 우리가 말과 혀로만 사랑하지 말고 행함과 진실함으로 하자" 요일 3:18

알맹이 없는 사랑, 넘어지게 하는 사랑을 하면서도 상대를 위한다고 말하고 있습니까? 하나님 중심의 사랑과 관심이 아니면 사탄의 사랑입니다. 예수님께서는 십자가 지는 것을 말리는 베드로를 향해 사탄이라고 꾸짖었습니다.

"예수께서 돌이키사 제자들을 보시며 베드로를 꾸짖어 이르시되 사탄아 내 뒤로 물러가라 네가 하나님의 일을 생각하지 아니하고 도리어 사람의 일을 생각하는도다 하시고" 막 8:33

주님은 자신을 대속물로 주시기 위해 오셨습니다.

"인자가 온 것은 섬김을 받으려 함이 아니라 도리어 섬기려 하고 자기 목숨을 많은 사람의 대속물로 주려 함이니라" 마 20:28

하나님께서 존귀히 여기는 사람은 남을 섬기는 자입니다.

"예수께서 제자들을 불러다가 이르시되 이방인의 집권자들이 그들을 임의로 주관하고 그 고관들이 그들에게 권세를 부리는 줄을 너희가 알거니와 너희 중에는 그렇지 않아야 하나니 너희 중에 누구든지 크고자 하는 자는 너희를 섬기는 자가 되고 너희 중에 누구든지 으뜸이 되고자 하는 자는 너희의 종이 되어야 하리라" 마 20:25-27

예수님께서는 자신을 지극히 낮추시고 하나님의 뜻대로 복종했습니다. 성경 말씀대로 죽기까지 순종하셨습니다.

섬기는 자를 높이라

이러므로 하나님이 그를 지극히 높여
모든 이름 위에 뛰어난 이름을 주사
하늘에 있는 자들과 땅에 있는 자들과
땅 아래에 있는 자들로 모든 무릎을

능력자로
서라

하나님의 뜻대로 높아지는 길은 스스로 낮아지는 것입니다. 하나님께서는 십자가에서 낮아진 예수님을 그의 손으로 높여 모든 이름 위에 뛰어난 이름을 주셨습니다. 예수님을 주라 시인하게 하셨고 모든 무릎을 예수님 앞에 꿇게 하셨습니다.

창세기에 보면 하나님께서는 나락으로 떨어져 비천한 자리에 있던 요셉을 들어 총리로 세우셨습니다. 바로의 종들로 그 앞에 무릎 꿇게 했고 이스라엘 백성을 품게 했습니다. 세상 사람들은 예수님의 마음을 품고 사는 자들을 천하게 보지만 나중에는 존귀하게 여깁니다.

수년 전, 아이티에 지진이 나서 십만 명 이상의 희생자가 생겼습니다. 그들이 고통당하는 모습을 보면서 가슴이 아팠습니다. 그중 한국 사람은 칠십 명이었습니다. 우리나라는 그들 모두가 무사히 고국으로 돌아오거나 안전한 곳으로 대피할 수 있도록 조치를 취했습니다. 국가는 자기 국민을 보호합니다. 환난 당하는 곳에 버려두지 않습니다.

하나님은 자신의 뜻대로 온전히 순종하신 예수 그리스도를 높이

시어 심판주의 자리에 있게 하셨습니다. 그리고 예수 그리스도를 믿는 우리도 이 지상에서의 환난과 육의 사망에서 건져내어 천국으로 인도하십니다. 우리는 슬픔에 잠길 이유가 없습니다. 기쁨으로 웃고 살아갑시다. 우리 중에 예수님보다 더 낮아진 분은 없습니다. 소망 중에 기쁨으로 범사에 감사하며 살아갑시다.

마음의 변화 없이
예수님의 향기를 내려면 고통입니다.
그러나 예수님의 마음을 품으면
후회가 없습니다.

08

원망과 시비가 없는 삶

빌립보서 2:12-14

//

행복하기를 원하는 모든 사람이 행복을 찾을 수 있는 것은 아닙니다. 행복을 찾아 방황하는 사람들이 많이 있습니다.

한 사람이 있었습니다. 그는 교권주의자들과 바리새인에 속해 살못된 지식을 갖게 되었고, 부끄러운 일마저도 진리인 줄 알고 행했던 사람이었습니다. 그는 예수 믿는 사람들을 박해했습니다. 그러다가 예수를 직접 만나 삶이 극적으로 변했습니다. 그 사람이 바로 빌립보서를 기록한 사도 바울입니다. 사도 바울은 예수님을 아는 것이 가장 고귀한 것이라고 했습니다. 그는 예수 그리스도의 마음을 품을 때 인간의 참 행복이 이루어진다고 믿었습니다.

그뿐 아니라 그는 빌립보 성도들에게 그리스도의 행위를 본받으라고 했습니다.

겸손한 마음은 남을 나보다 낮게 여깁니다. 그는 겸손의 모델로 하나님의 뜻에 절대 순종하신 예수님을 소개했습니다. 예수님은 죽기까지 복종하셨습니다. 절대자 앞에서 인간의 자세는 오직 순종과 복종입니다. 그렇게 하면 하나님께서는 능력과 권능을 주시고 존귀한 이름으로 높여 주십니다.

하늘에 있는 자들과 땅에 있는 자들과

땅 아래에 있는 자들로

모든 무릎을 예수의 이름에 꿇게 하시고

모든 입으로 예수 그리스도를 주라 시인하여

하나님 아버지께 영광을 돌리게 하셨느니라

빌립보서 2:10-11

높은 자리를 원하십니까? 예수님처럼 낮아지시기 바랍니다.

예수님을 생각하면 세상의 어려운 환경들은 모두 감사의 조건이 될 뿐입니다.

사도 바울은 빌립보서를 통하여 하나님께서 사랑하시는 자, 곧 구원받은 성도들의 행동지침을 말하고 있습니다.

구원을 이루라

그러므로 나의 사랑하는 자들아
너희가 나 있을 때뿐 아니라
더욱 지금 나 없을 때에도 항상 복종하여
두렵고 떨림으로 너희 구원을 이루라

빌립보서 2:12

매일매일 하나님의 말씀에 순종하면서 살아 구원을 이루어야 합니다. 세상에 빠지지 않고, 낙심하지 말고, 의심하지 않으며, 미워하지 말고 온전한 예배를 드려야 합니다. 뿐만 아니라 믿는 자로서 마땅히 세상의 빛과 소금의 역할을 감당하며 살아가는 것이 구원을 이루는 길입니다. 바울은 빌립보 성도들에게 구원을 이루어가는 자세를 말하면서 자신이 있을 때 뿐 아니라 없을 때에도 잘하라고 했습니다. 빌립보 교회 성도들은 바울이 그들과 같이 있을 때에는 잘했습니다. 그래서 바울은 비록 감옥에 있어도 자신이 있을 때처럼 하기를 바랐습니다.

좋은 사람은 사람이 있으나 없으나 변함이 없어야 합니다. 좋은 일꾼은 주인이 있을 때나 없을 때나 자신이 맡은 일을 충성스럽게 합니다. 남이 보는 앞에서는 잘하고 칭찬하다가 없으면 허물을 말하는 사람은 위선자입니다. 아무도 보지 않아도 경건에 힘써야 합니다. 반면에 사람들 앞에 나서기를 좋아하고 자신의 주장을 펴고 선동하며 자신만 경건하다고 주장한다면 그의 구원은 의심스러울 수밖에 없습니다.

하나님의 말씀에 복종하는 자에게 상대를 복종케 할 권세가 옵니다. 죽기까지 복종하신 주님을 누가 무덤에 묻어 둘 수 있겠습니까? 죽을 각오로 기도하는 다니엘을 누가 사자의 먹이가 되게 할 수 있겠습니까? 하나님의 말씀에 복종하며 이스라엘 백성을 인도하는 모세의 앞길을 누가 막을 수 있겠습니까?

하나님의 말씀을 믿고 나가는 길에 대적이 있을 수 있으나 결국에는 승리합니다. 우리는 두렵고 떨림으로 구원을 이루고 변함없이 경건을 지속해 나가야 합니다. 또한 '두렵고 떨림으로 구원을 이루라'는 말은 하나님의 구원을 인정하고 죄에 빠지지 않기 위해 조심하라는 것입니다. 한복을 예쁘게 차려입은 신부는 눈이 녹아 젖은 길을 걸어갈 때에 지나가는 차로 인해 물이 튀지 않도록 매우 조심합니다. 이처럼 우리도 신앙생활하면서 무의식 중에 하나님의 뜻에서 벗어나지 않도록 매우 조심해야 합니다.

하나님의 소원이 되어라

구원은 종말까지 이루어야 합니다. 구원을 이루는 데는 여러 가지 시련이 있습니다. 사람에게 미움을 받을 때에도 변함없이 신앙생활하면 천국에서 상 받는 자가 됩니다.

"또 의인이 겨우 구원을 받으면 경건하지 아니한 자와 죄인은 어

디에 서리요” 벧전 4:18

천국은 차등의 세계입니다. 영광스러운 구원과 부끄러운 구원이 있습니다. 면류관이 있는 사람도, 없는 사람도 있습니다. 어떤 사람이 되길 원하십니까? 저는 여러분이 면류관을 얻는 사람으로 살기를 바랍니다.

> 너희 안에서 행하시는 이는 하나님이시니
> 자기의 기쁘신 뜻을 위하여
> 너희에게 소원을 두고 행하게 하시나니
>
> **빌립보서 2:13**

인간을 창조하실 때부터 하나님은 뜻이 있었습니다. 부모가 자녀에게 소원이 있고 과수원지기가 나무에게 바라는 것이 있듯이 하나님께서는 교회와 성도를 향한 뜻이 있습니다. 사람은 하나님의 영광을 위해 창조되었습니다.

“내 이름으로 불려지는 모든 자 곧 내가 내 영광을 위하여 창조한 자를 오게 하라 그를 내가 지었고 그를 내가 만들었느니라” 사 43:7

일류대학에 입학한 한 청년을 전도하기 위해 어떤 사람이 물었습니다. “학교에 들어가면 그 다음에 무엇을 하죠?”

“공부 열심히 해서 좋은 직장에 들어가야죠.”

“그 다음에는?”

"결혼해서 좋은 가정을 이루어야죠."

"그 다음에는?"

"열심히 일해서 성공해야죠."

"그 다음에는?"

"나이 들고 늙겠지요. 그리고 죽겠지요."

"그 다음에는? 어떻게 되죠?"

그때서야 그 청년은 인생의 허무함을 깨닫고 고개를 숙였습니다. 그 뒤로 예수 그리스도를 진실로 영접했다고 합니다. 인간은 소원을 이루고도 불안해합니다. 목표를 세운 것이 이루어졌다고 해도 허무합니다. 이 땅에서의 성취는 아무것도 아닙니다. 만족이 없습니다. 그러나 우리가 하나님의 뜻을 이루는 도구가 되면 영원히 보장되는 심령의 낙을 누릴 수 있습니다. 사람의 소원은 이루어지지 않을 수도 있으나 하나님의 뜻은 꼭 이루어집니다. 그분은 전능자이기 때문입니다. 사람은 자기의 소원을 이루어줄 자를 찾아다니지만 하나님은 자신의 뜻을 이루기 위해 사람을 창조하셨다는 것을 기억해야 합니다.

중국에서 어떤 선교사가 부흥회를 인도할 때 일입니다. 선교사는 참석한 사람들에게 "당신은 예수님을 발견했습니까?"라고 질문했습니다. 그때 한 중국인 성도가 대답하기를 "나는 발견하지 못했지만 예수님이 나를 발견했습니다."라고 했습니다. 참으로 현답입니다. 우리는 다 하나님께 발견되고 붙잡힌 자들입니다.

원망과 시비를 없이 하라

천막교회 시절, 한 여성도가 있었습니다. 지금은 아마 환갑이 넘었을 것입니다. 어느 주일, 교회에 나오지를 않았기에 어디 갔다 왔느냐고 물었더니 과거에 다녔던 교회에 가서 목사님을 뵈었다고 했습니다. 이유를 물었더니 청년 시절 남편과의 만남을 주선한 책임을 물으러 다녀왔다는 것입니다.

부부가 좋을 때는 잘 지내다가도 싸우면 중매쟁이를 원망하고 소개해준 친구를 원망하는 사람이 있습니다. 왜 그때 이처럼 나쁜 사람이라는 것을 알려주지 않았냐고 따집니다. 주례와 부모님을 원망하다가 하나님까지 원망합니다.

원망하지 맙시다. 문제와 불행의 탓을 남에게 돌리면 회복이 불가능합니다. 일 년에 한 명도 전도하지 않으면서, 부흥 안 되는 것을 교역자 탓으로 돌리는 중직자가 있다면 문제가 있는 사람입니다. 나라의 어려움을 모두 지도자 탓으로 돌리는 사람도 회개해야 합니다. 어느 교회의 이야기를 들어보니, 교회 식당에서 사람들이 모여서 하는 부정적인 말 때문에 선행도, 좋은 소식도 빛을 보지 못한다고 했습니다. 일터에서도 마찬가지입니다. 그곳에 원망이 있으면 하나님께서 영광을 받지 않으십니다.

시비가 없어야 합니다. 기도소리가 끊어지면 시비소리가 납니다. 누가 잘했느냐 못했느냐 책임을 따지지 말고 내 탓으로 돌려야 합니다. 모두 하나님께 맡기고 우리는 그저 삶속에 성령의 열매를 맺어야 합니다. 하나님께서 어떻게 대우하고 심판하시는지, 기다려보면 알게 됩니다. 사람이 무엇을 심든지 그대로 거두게 하실 것입니다. 선을 행하다가 낙심하지 말고 농부가 가을을 기다림같이 기다립시다. 오늘 하나님이 우리에게 부탁한 구원을 이루어 가라는 말씀대로 그리스도의 일에 충성합시다. 우리는 구원받은 자로 성화를 이루어가야 합니다. 믿는 자에게는 하나님의 보호가 있습니다. 가난한 자를 돕는 것은 하나님께 꾸어드리는 것입니다.

"가난한 자를 불쌍히 여기는 것은 여호와께 꾸어 드리는 것이니 그의 선행을 그에게 갚아 주시리라" ^{잠 19:17}

모든 일을 할 때에 원망과 시비 없이 하기를 바랍니다. 씨를 뿌리고 선을 행하며, 인내하고 기다리면 하나님께서 갚아주실 것입니다.

기도소리가
끊어지면
시비소리가
납니다.

09

생명의 말씀을 밝히는 삶

빌립보서 2:15~18

지긋이 나이가 들어 은퇴한 분들이 자신의 삶을 돌아보며 종종 하는 말이 있습니다. "인생은 허무해. 세월이 너무 빨라. 이런 환경에 처할 줄 알았다면 인생을 헛되이 살지 않았을거야." 한숨과 함께 이런 말들을 쏟아내곤 합니다. 나름대로 열심히 살아오셨던 분들이 더 큰 후회를 하는 것 같습니다. 구약 시대에 지혜의 왕으로 전무후무한 부귀영화를 누렸던 솔로몬도 인생말년에 이렇게 말했습니다.

"전도자가 이르되 헛되고 헛되며 헛되고 헛되니 모든 것이 헛되도다. 해 아래서 수고하는 모든 수고가 사람에게 무엇이 유익한

가" 전 1:2-3

그는 해 아래서는 모든 수고가 헛되다고 했습니다. 죄 아래 있는 인간은 결국 피곤하고 헛된 일들로 생을 마감합니다. 사도 바울은 성령을 통하여 그것을 알았기 때문에 가장 보람 있는 삶, 능력의 삶을 살다 부활의 길을 가신 주님을 본받으라고 했습니다.

사람은 살면서 누군가의 영향을 받으며 누군가와 같이 인생길을 걷습니다. 그 누군가가 주님이 되길 바랍니다. 주님께 영향을 받고 주님을 본받아 살아갑시다.

사도 바울은 구원 받은 빌립보 성도들에게 예수 그리스도의 마음을 품으라고 했습니다. 하나님께서는 예수님 닮은 사람을 주님의 이름과 함께 존귀한 자로 높여 주십니다. 하나님께서는 죽기까지 복종하신 예수님을 지극히 높여 모든 무릎을 그의 이름에 꿇게 하시고 영광을 받게 하셨습니다. 또한 사도 바울은 예수님께 접붙인 바 되어서 하나님의 소원을 이루며 모든 일에 원망과 시비가 없게 하라고 했습니다.

사람은 소속에 따라 생각도, 먹는 음식도, 부르는 노래도 달라집니다. 지켜야 할 법도, 삶의 방법도 차이가 있습니다.

사도 바울은 천국의 시민 된 우리의 삶에 대해 말합니다.

세대를 보는 안목을 키우라

이는 너희가 흠이 없고 순전하여

어그러지고 거스르는 세대 가운데서

빌립보서 2:15a

이 세대는 어그러지고 거스르는 세대입니다. 하나님의 뜻을 거스르고, 신앙을 병들게 하고 신앙을 지키려는 자들을 박해하는 세대입니다.

"무릇 그리스도 예수 안에서 경건하게 살고자 하는 자는 박해를 받으리라" 딤후 3:12

음식을 알아야 건강을 지킬 수 있듯이 세상을 알아야 신앙생활을 잘 할 수 있습니다. 상한 음식인 줄 모르고 먹으면 먹은 사람은 병이 듭니다. 제가 전도사 시절에, 정씨 할아버지라는 분이 아프셔서 병원으로 심방을 갔습니다. 예배 후, 우유 한 병을 대접받았습니다. 당시 우유는 아주 귀한 것이었습니다. 우유병 뚜껑을 열었는데 순두부 같은 것이 보였으나 할아버지께서 아무 이상 없다고 하시며 고마운 마음으로 권하시기에 괜찮겠지 하고 마셨습니다. 그리고 집에 와서 심한 복통으로 고생을 했습니다. 상했다는 것을 확실히 알았었더라면 안 먹었을 텐데. 거절할 수 없는 상황에 제 판단을 양보했더니 탈의 원인이 되었습니다.

이 세상도 그렇습니다. 세상의 속성을 알지 못하면 신앙이 병들고 고통 속에서 인생을 살 수 밖에 없습니다. 이 세상을 확실히 깨닫는 지혜가 있어야 합니다. 세상을 지배하는 마귀의 특징은 상대의 약점만을 공격합니다. 화를 잘 내는 사람에게는 화낼 환경을 만들고 물질을 떠나지 못하는 사람은 물질로 유혹을 하고 명예를 좋아하는 사람에게는 명예로운 자리로 시험합니다. 시험에 넘어가면 후회하는 인생을 살게 됩니다.

"너희는 이 세대를 본받지 말고 오직 마음을 새롭게 함으로 변화를 받아 하나님의 선하시고 기뻐하시고 온전하신 뜻이 무엇인지 분별하도록 하라" 롬 12:2

세대 속에 빛이 되라

하나님의 흠 없는 자녀로
세상에서 그들 가운데 빛들로 나타내며

빌립보서 2:15b

우리는 이 세상 가운데서 흠 없고 순전하게 살아 빛들로 나타나야 합니다.

"너희는 세상의 빛이라 산 위에 있는 동네가 숨겨지지 못할 것이요" 마 5:14

세상 사람의 방법으로 살면 속고 속이며 상처를 주고 받습니다. 다투고 시기하고 싸우고 분열합니다. 그러나 빛에 속하여 생명의 말씀을 따라 살아가면 개인과 가정, 교회를 바로 세우고 세상을 아름답게 합니다.

생명의 말씀은, 사람은 하나님의 형상이고 그의 가치는 천하보다 귀하다고 말씀하십니다. 그러므로 우리는 자신뿐만 아니라 상대방도 과소평가해서는 안 됩니다. 또 생명의 말씀은, 부부의 하나 됨은 하나님의 섭리 가운데 된 것이라고 했습니다. 그러므로 부부는 사람이 나눌 수 없음을 알고 힘들어도 예수 안에서 서로 맞추어 배려하며 살아야 합니다. 미국의 초대 대통령 조지 워싱턴은 성경 없이는 세상을 올바르게 다스릴 수 없다고 말했습니다.

"자녀들아 주 안에서 너희 부모에게 순종하라 이것이 옳으니라 네 아버지와 어머니를 공경하라 이것은 약속이 있는 첫 계명이니 이로써 네가 잘되고 땅에서 장수하리라 또 아비들아 너희 자녀를 노엽게 하지 말고 오직 주의 교훈과 훈계로 양육하라" 엡 6:1-4

생명의 말씀을 따라 사는 삶에는 아름다운 열매가 있습니다. 달음박질도, 수고도 헛되지 않는 주 안에서의 삶입니다. 사람은 무엇을 심든지 심는 대로 거둡니다.

"스스로 속이지 말라 하나님은 업신여김을 받지 아니하시나니 사람이 무엇으로 심든지 그대로 거두리라" 갈 6:7

바울의 삶에는 전도의 열매가 있었습니다. 저도 지난 목회의 순간들을 돌아보면 열매가 있어 행복합니다. 삼십여 년 전부터 선교원을 통해 기독교 어린이 교육을 한 것, 복지학교를 통하여 청소년의 가치관을 바로 세운 것, 가난한 자, 실패한 자들과 함께 기도하며 회복해 온 것들이 계속 아름답게 열매를 맺었습니다. 믿음으로 살면 열매가 아름답습니다. 우리에게는 이 땅에서의 열매 이상으로 그리스도의 날에 누림이 더 클 것입니다. 그리스도의 날에, 예수님께서 재림하시는 그 날에 자랑거리가 있는 것이 최고입니다. 영원한 누림이 될 것입니다.

믿음의 제물이 있게 하라

만일 너희 믿음의 제물과 섬김 위에
내가 나를 전제로 드릴지라도
나는 기뻐하고 너희 무리와 함께 기뻐하리니
이와 같이 너희도 기뻐하고 나와 함께 기뻐하라

빌립보서 2:17-18

전제는 관제(灌祭)라 하기도 합니다. 관제는 제사의 마지막 단계로 모든 제물 위에 포도주를 부어 드리는 의식입니다. 영적으로 예수 그리스도의 보혈의 은혜가 임하는 것을 상징합니다. 사도 바울은 자신이 순교의 피를 흘려 빌립보 성도들 위에 부어서라도 그들이 신앙을 지키고 주님 보시기에 아름다운 모습을 가지길 원했습니다. 사도 바울은 죽음보다 신앙을 소중히 생각했고 주님을 위해 죽는 것을 영광으로 여겼습니다. 바울은 스데반이 순교하는 현장을 보았습니다. 그는 죽음 앞에서도 천사의 얼굴을 하고 하늘이 열리는 것을 체험하며 기뻐하는 스데반의 모습을 보았습니다. 이러한 스데반의 모습은 바울에게 감동을 주었을 것입니다. 바울 역시 예수님을 만난 후 빌립보 성도들의 영적 성장을 위해 순교의 피를 흘려도 기뻐한다고 했습니다. 바울은 순교를 두려워하지 않는 신앙을 가졌던 것입니다.

당시 사형제도에는 참수형과 십자가형이 있었습니다. 로마 시민에게는 고통이 덜한 참수형을 행했지만 예수님은 십자가형을 당했습니다. 예수님은 우리의 죄와 저주, 절망을 짊어지고 십자가에서 오랜 시간 대속의 피를 흘렸습니다. 초대교회 성도들, 성령 받은 이들은 삶으로 복음을 전하면서 순교의 각오를 했습니다. 성령을 받아 복음전파에 힘을 쓰고 주님을 위해 희생하는 것을 기뻐했습니다.

"오직 성령이 너희에게 임하시면 너희가 권능을 받고 예루살렘과 온 유대와 사마리아와 땅 끝까지 이르러 내 증인이 되리라 하시니라" 행 1:8

주님 앞에 자랑거리가 있는 삶으로, 순교의 정신을 갖고 빛의 자녀로 살아갑시다. 희생하는 것에는 소극적이고 누리는 것에는 적극적이면 안 됩니다. 성숙한 그리스도인은 희생에 적극적이어야 하며 생명의 복음을 증거 하는 증인이 되어야 합니다. 이제는 사랑의 마음이 생활로 표현되어 열매를 맺기를 바랍니다. 노숙인, 이주노동자, 사회의 약자들을 위해 밥 한 그릇이라도 대접하며 지역에 복음을 심고 실질적인 헌신의 열매를 맺어야 합니다. 예수님 안에서 이루어지는 일들은 하나도 헛되지 않습니다. 예수님 안에 희망이 있습니다. 자랑이 있습니다. 누림이 있습니다.

이제 삶 속에서 생명의 말씀을 밝히기를 바랍니다.

예수님 안에
희망이 있습니다.
자랑이 있습니다.
누림이 있습니다.

10

신령한 가족이 되는 삶

빌립보서 2:19~25

부모님께 할 수 있는 최고의 효도는 예수님을 만나고 영접하게 하는 것입니다. 세상에서 먹고 마시고 누리는 효도는 결국 해 아래서 끝이 납니다. 그러나 예수님 안에서 맺어지는 관계와 행위는 영원합니다. 사람은 태어나 자라면서 부모의 선악 간의 모습을 닮습니다. 형성된 체질과 성격까지 닮습니다. 본성이 잘못된 것은 그 어떤 것으로도 고칠 수 없습니다. 그러나 창조의 영, 변화의 영이 임하시면 바뀔 수 있습니다. 성령께서는 우리의 삶과 생각, 변화를 주장하십니다.

떨어져있어도 그리워하라

성령을 받기 전 사도 바울은 선을 악으로, 악을 선으로 알았으므로 예수 믿는 자들을 결박했습니다. 스데반을 죽이는데 앞장섰습니다. 그런 그가 성령을 받은 후 변화되었습니다. 지식을 바꾸고, 친구를 바꾸고, 동행과 사역과 협력대상을 바꾸었습니다. 예수 그리스도를 구주로 믿고 전했습니다. 그러다가 감옥에 갇히기도 했습니다. 재판정에 나가면 예수를 그리스도라 증거하고 홀로 있을 때는 조용히 기도하며 편지로 여러 교회에 말씀을 전하여 믿음을 굳게 했습니다. 몸은 갇혔어도 그의 신앙은 갇히지 않았습니다. 바울은 갇힌 가운데서도 빌립보교회에 편지하여 신령한 가족 된 성도들의 삶에 변화를 주었습니다. 그는 주의 일을 하면서 원망과 시비가 없이하고 어그러지고 거스르는 세대 가운데 하나님의 사람으로 빛을 발하라고 했습니다. 또 그리스도 안에서 행하는 모든 것은 헛된 것이 없다고 했습니다.

생명의 말씀을 밝혀
나의 달음질이 헛되지 아니하고
수고도 헛되지 아니함으로
그리스도의 날에
내가 자랑할 것이 있게 하려 함이라

빌립보서 2:16

능력자로
서라

돌아보면 내 힘으로 애썼던 것, 내가 하고자 했던 것에는 열매가 별로 없었음을 느낍니다. 그러나 성령에 감동되어 순종한 것에는 좋은 열매가 있었습니다. 생명의 말씀을 빛 삼아 밝혀 달려가면 성공이요, 말씀에서 벗어나면 실패입니다. 아무리 큰 꿈과 비전을 가지고 있다 해도 그 속에 천국까지 이르는 것이 없다면 허무하게 끝납니다. 많은 사람을 얻고 좋은 환경에서 살아도 예수님이 동행하지 않으시면 참 행복과 만족을 얻을 수 없습니다. 인간의 마음은 끝이 없어 그 무엇으로도 채울 수 없습니다. 가져도 채워도 만족이 없는 것이 인간의 마음입니다. 사람의 마음에 자족과 감사를 채우려면 성령께서 역사해야 합니다. 그래서 성령의 사람 바울은 이렇게 말했습니다.

"삼가 누가 누구에게든지 악으로 악을 갚지 말게 하고 서로 대하든지 모든 사람을 대하든지 항상 선을 따르라 항상 기뻐하라 쉬지 말고 기도하라 범사에 감사하라 이것이 그리스도 예수 안에서 너희를 향하신 하나님의 뜻이니라" 살전 5:15-18

여러분, 자족하십니까? 마음에 감사와 기쁨이 있습니까? 저도 예전에는 사람을 고쳐 보려고 했습니다. 잘 가르쳐서 일꾼을 만들려고 했는데, 돌이켜 보니 성령의 능력과 하나님의 은혜가 없으면 되는 것이 없고, 내가 한 것, 내가 할 수 있는 것은 아무 것도 없음을 알았습니다. 그래서 지금은 겸손히 순종만 할 뿐입니다. 사도 바울은 예수님을 만난 후 영혼구원을 위해 자신을 순교의 제물로 바칠 각오를 했습니다.

서로의 사정을 진실히 생각하라

내가 디모데를 속히 너희에게 보내기를
주 안에서 바람은 너희의 사정을 앎으로
안위를 받으려 함이니

빌립보서 2:19

요즘은 단절과 무관심의 시대입니다. 거리에 사람이 넘어져 있어도 그냥 지나칩니다. 벽 하나 사이에서 일어나는 일도 모르고 벽 하나의 간격도 이해하지 못하고 원수처럼 싸웁니다. 바울은 감옥에 갇혀 있었지만 마음은 빌립보 성도들에게 가 있었습니다. 그들을 돕고 그들의 신앙을 키우기 위해 자신이 가장 사랑하는 믿음의 아들 디모데를 보내기로 작정했습니다. 여러 사람 가운데 그를 선택한 이유는 뜻을 같이하여 그들의 사정을 진실히 생각할 자가 디모데라고 생각했기 때문입니다. 디모데는 빌립보교회를 사랑하는 바울의 마음과 같은 마음을 가지고 있었습니다.

심부름을 보낼 때는 사람을 잘 보내야 합니다. 20년 전 쯤 기도원에 갔다 오는데 차가 빠져 경운기를 가진 동네아저씨의 도움을 받은 적이 있었습니다. 감사의 표시로 사람을 시켜 과일을 한 상자 보냈습니다. 그런데 심부름을 한 사람이 아무런 말없이, 누가,

왜 보냈는지를 말하지 않고 과일상자만 그 집 앞에 놓고 그냥 와 버렸습니다.

보냄을 받은 사람은 자신의 목적을 분명히 알아야 합니다. 신앙의 유익을 주고 교회를 바로 세우라고 보냈는데 때로는 더 잘못되게 하는 사람이 있습니다. 그렇기 때문에 바울은 신중하게 사람을 선택했습니다. 보냄을 받은 디모데가 바울의 사랑과 신뢰를 받는 이유는 그의 구별된 생활 때문이었습니다.

그들이 다 자기 일을 구하고
그리스도 예수의 일을 구하지 아니하되

빌립보서 2:21

디모데는 예수님의 일을 구했습니다. 일반적으로 사람들은 하나님의 영광을 위하기보다는 자신의 존재를 알리려고 합니다. 더 편하게 살고, 더 존귀하게 대접받고자 조화를 깨고 순진한 성도들을 실족시키는 이들도 있습니다. 이런 사람들은 늘 있습니다. 그러나 그들은 한결같이 실패합니다.

디모데의 마음에는 바울이 있었습니다. 그리고 바울의 마음에는 예수 그리스도가 있었습니다. 바울은 가는 곳마다 예수 그리스도를 생각나게 했으며 디모데는 가는 곳마다 바울의 교훈을 생각나게 했습니다. 복음과 사도 바울을 나누어 생각할 수도 있지만 디모데는 그렇게 하지 않았습니다. 디모데는 복음과 바울을 나누지

않았습니다. 어떤 사람은 복음만을 강조하고 복음 전하는 사람을
믿지 못합니다. 이단들은 복음의 무오(無誤)를 말하면서 하나님
께서 선택하여 사용하는 사람은 불신합니다. 복음과 목회자를 함
께 위할 때 목회자는 좋은 전령이 되고 교회에 유익을 줄 수 있습
니다.

서로 도우라

그러나 에바브로디도를
너희에게 보내는 것이 필요한 줄로 생각하노니
그는 나의 형제요 함께 수고하고 함께 군사 된 자요
너희 사자로 내가 쓸 것을 돕는 자라

빌립보서 2:25

에바브로디도는 빌립보교회에서 파송한 사람이었고 곁에서 바울
을 돕는 사람이었습니다. 바울은 그를 형제처럼 대했고 함께 수
고하는 복음의 군사로 여겼습니다. 그런 에바브로디도가 중병에
걸려 바울 뿐 아니라 빌립보교회도 큰 근심에 쌓였습니다.

그러나 죽을병에 걸렸다고 해도 하나님의 긍휼만 있으면 살 수
있습니다. 교회가 간절히 기도할 때 주님의 자비가 임합니다.

하나님의 긍휼은 지금도 임합니다. 어느 해외 집회에 갔을 때입
니다. 한 가정으로부터 융숭한 식사대접을 받았습니다. 그런데 그

능력자로
서라

분의 자녀가 아파 기도요청을 하기에 간절히 기도해 주었습니다.
그리고 다음날 그 아이가 씻은 듯이 나았다는 소식을 들었습니다.

그가 병들어 죽게 되었으나
하나님이 그를 긍휼히 여기셨고
그뿐 아니라 또 나를 긍휼히 여기사
내 근심 위에 근심을
면하게 하셨느니라

빌립보서 2:27

자녀가 아프면 부모가 고통스럽고 성도가 실패하면 목회하는 목사는 탄식하고 기도합니다. 사도 바울은 디모데 보다 앞서 하나님의 긍휼로 병 고침 받은 에바브로디도를 먼저 보내어 기쁨을 나누기를 원했습니다. 그는 죽음의 고통을 넘어 신령한 체험을 한 에바브로디도를 기쁨으로 영접하고 더 이상 그를 위해 근심하지 말고 존귀히 여기라고 당부했습니다. 바울은 확실한 믿음을 가지고 그리스도의 일을 위해 자기 목숨도 아끼지 않는 사람을 천거하여 높였습니다.

사랑하는 여러분, 하나님이 높일만한 자로 살아갑시다. 스스로 높아지려다가 실패하지 말고 하나님이 높이고 존귀한 자로 만드실 때까지 겸손히 섬기는 복이 있기를 바랍니다.

11 /

기쁨으로
영접하는
삶

빌립보서 2:26~30

올림픽에서 선전하는 국가대표 선수들을 보면서 그들의 수고에 박수를 보냅니다. 각 나라마다 국가의 위상을 높이기 위해 국가대표를 선발하고 선수촌을 세워 선수들을 훈련시키고 각종 대회에 출전시킵니다. 선수가 잘하면 물질로는 계산할 수 없을 만큼의 명예와 명성, 인기, 홍보효과를 얻습니다. 한 사람의 위상이 국위를 선양하고 국가는 그 사람을 중요하고 귀하게 생각합니다. 하나님께서도 사람을 사용하여 주님의 일들을 이루어 나가십니다. 하나님께서 쓰는 사람은 하나님의 기준에 부합해야 합니다. 그래야 하나님께서 사용하시고 높이십니다.

예수님께서 제자들에게 말씀하셨습니다.

"이에 예수께서 제자들에게 이르시되 누구든지 나를 따라오려거든 자기를 부인하고 자기 십자가를 지고 나를 따를 것이니라" 마 16:24

제자의 기본 요소는 자기의 생각을 버리는 것입니다. 믿음의 조상 아브라함을 부를 때 하나님께서 제일 먼저 요구한 것이 있습니다.

"여호와께서 아브람에게 이르시되 너는 너의 고향과 친척과 아버지의 집을 떠나 내가 네게 보여 줄 땅으로 가라" 창 12:1

이때 아브라함의 나이 75세였습니다. 사람은 나이가 들면 고향 생각이 납니다. 불확실한 일, 성공이 보장되지 않는 것은 하지 않으려 하고, 목적지가 정해지지 않는 곳은 가기 싫어합니다. 이성이 긍정하지 않는 일에는 도전하기를 싫어합니다. 아브라함이 하나님의 명령을 따르는 데는 자기부인(自己否認)이 필수적이었습니다. 말씀에 순종했을 때 하나님께서는 그의 발걸음을 인도하셨습니다. 그리고 그를 믿음의 조상으로 삼아 세상 뿐 아니라 천국에서도 큰 자가 되게 하셨습니다.

사람들은 더 편하게, 더 즐겁게 살기 위해 노력합니다. 그러나 디모데는 그리스도의 일을 자신의 일로 생각하고 노력했습니다. 에바브로디도도 마찬가지였습니다.

그가 그리스도의 일을 위하여

그는 주님의 일을 하다가 건강을 해쳤습니다. 예수 그리스도를 위해 끝까지 충성했고, 오직 예수님 중심의 생애를 살았습니다. 그의 삶과 행위의 우선순위는 주님이었습니다. 이들은 주님의 일을 하기에 합당한 자들이었고 세상을 거스르는 자들이었습니다.

복음을 위하여 수고하라

하나님은 쓰실 사람을 훈련하고 연단시키십니다.

하나님은 자기 자신을 의지하지 않도록 훈련하십니다. 하나님께서는 40세의 모세를 바로 이스라엘의 지도자로 세우지 않고 광야에서 연단 후 80세에 지도자로 세웠습니다. 애굽의 왕자로 자라나 혈기 왕성했던 모세는 40년 동안 자신의 연약을 철저하게 깨달았습니다.

"모세가 여호와께 아뢰되 오 주여 나는 본래 말을 잘 하지 못하는 자니이다 주께서 주의 종에게 명령하신 후에도 역시 그러하니 나는 입이 뻣뻣하고 혀가 둔한 자니이다" 출 4:10

사도 바울도 고백하기를 자족할 수 있기까지 하나님께서 자신을 연단시키셨다고 했습니다.

> 나는 비천에 처할 줄도 알고
> 풍부에 처할 줄도 알아
> 모든 일 곧 배부름과 배고픔과 풍부와 궁핍에도
> 처할 줄 아는 일체의 비결을 배웠노라
>
> **빌립보서 4:12**

디모데와 에바브로디도는 연단을 잘 견뎠으므로 바울이 교회에 천거하여 보낼 수 있는 사람이 되었습니다. 모든 환경에서 견디고 이기면 하나님의 큰 영광을 볼 수 있습니다.

연단을 통과하라

바울은 에바브로디도를 디모데보다 먼저 보낼 필요를 느꼈습니다. 바울은 그를 '나의 형제'라고 소개했습니다. 예수 그리스도 안에서 구원받고, 신앙의 동질을 이루며, 하나님을 아버지로 부르는 한 형제라는 것입니다. 또한 '함께 수고하는 자'라고 했습니다. 섬기는 일과 나누는 일을 함께 할 사람이라는 것입니다. 그뿐 아니라 '함께 군사된 자'로서 원수를 대할 때 같이 싸움을 할 수 있는 군사라고 했습니다. 십자가 군병으로, 영적 전사(戰士)로서의 동질을 가졌다는 것입니다.

주님에게 속한 군사는 담대해야 합니다. 군사는 명령에 죽고 사는 것이지 승패에 대해서는 생각하지 않습니다. 오직 순종입니다. 승패는 지휘관의 책임과 몫입니다. 주의 군사된 자는 살아나온다는 보장이 없어도 풀무불에 들어가고, 빠져나올 묘안이 없어도 사자굴에 들어갑니다.

하나님의 말씀대로 순종하면 그분의 능력과 권세로 승리할 수 있습니다. 이것이 믿는 사람의 복과 승리입니다. 교회 입장에서 보면 그리스도의 군사는 하나님의 말씀을 전하는 사람, 곧 하나님의 사자입니다.

"제사장의 입술은 지식을 지켜야 하겠고 사람들은 그의 입에서 율법을 구하게 되어야 할 것이니 제사장은 만군의 여호와의 사자가 됨이거늘" 말 2:7

하나님이 보낸 사자는 소중한 사람입니다. 바울은 지도자와 성도가 서로 아끼면서 은혜 받은 것을 나누는 큰 기쁨을 가지기를 원했습니다. 에바브로디도는 자신의 연약으로 성도들이 근심하게 되는 것을 염려했습니다.

에바브로디도의 병은 바울의 근심이었습니다. 아이의 병은 부모의 근심이요, 남편과 아내의 병은 서로에게 근심이요, 성도들의 병은 주의 종의 근심입니다.

저는 개척교회 시절에 성도들을 위해 금식을 하고 밤을 지새워 기도하기도 했습니다. 생사의 위기에 처한 성도의 자녀를 끌어안고 강단에 올라가서 기도한 적도 있습니다. "이 아이의 병을 저에게 주시고 대신 아이를 고쳐주세요."라고 기도드렸습니다. 그러자 그 아이의 열이 제게 와서 아이는 살고 저는 삼일 밤낮을 죽을 고비를 넘긴 일도 있었습니다. 성도들이 병들면 같이 아파하고 치료가 되면 함께 기뻐했습니다.

사도 바울은 에바브로디도를 보내어 치료하시는 하나님, 긍휼의 하나님을 빌립보 성도에게 보여 주기를 원했습니다. 이것이 목회자와 성도의 사랑입니다.

기쁨으로 영접하라

예수님을 영접한 자는 하나님의 자녀입니다. 그리고 하나님께서 보낸 사람을 영접하는 사람은 그를 보내신 하나님을 영접하는 것입니다.

왜 에바브로디도를 존귀히 여겨야 할까요? 복음전파를 위한 바울의 사역을 돕는 사람이므로 하나님께서 귀히 여기시기 때문입니다. 그가 그리스도의 일을 위해 죽을 각오를 하고 자기의 목숨까지 내어 놓고 충성했습니다.

이렇듯 복음을 위해 헌신하는 사람을 존귀히 여겨야 합니다. 하나님의 영광을 위해 세움을 입은 존귀한 사람의 권위에 도전하거나 교회를 어지럽게 하는 것은 죄입니다. 바울 곁에 있는 사람이 소중한 것처럼 주의 일을 위해 부름 받은 성노 모두는 소중한 분들입니다.

3부

저 높은 곳을
향하기를

12 /

건강한
그리스도인으로
사는
삶

빌립보서 3:1~3

봄비가 내리면 겨울의 흔적이 땅 속으로 스며들고 봄빛으로 새싹이 돋아납니다. 벚꽃, 진달래, 개나리, 목련은 파란 옷을 입는 것도 잊은 채 꽃을 먼저 피우면서 봄을 맞이합니다. 구원 받은 우리도 성령의 능력으로 아름다운 싹을 틔우며 희망을 노래하는 봄을 맞이하길 바랍니다. 어릴 때 어머니께서 주기적으로 밭에 김을 매시던 기억이 납니다. 밭에 콩을 심으면 콩만 나는 것이 아니라 풀도 같이 나는 것을 보았습니다.

예수님께서는 알곡과 가라지 비유를 하셨습니다. 교회 안에도 가라지가 있음을 말씀하셨습니다. 가라지는 사람들이 잘 때 원수가 밭에 덧뿌리고 간 것입니다.

"집 주인의 종들이 와서 말하되 주여 밭에 좋은 씨를 뿌리지 아니하였나이까 그런데 가라지가 어디서 생겼나이까" 마 13:27

종들은 가라지를 뽑기를 원했습니다. 그러나 주인은 가라지 옆에 바짝 붙어있는 알곡이 다칠까봐 그냥 두라고 했습니다. 가라지를 미워하는 마음보다는 알곡을 사랑하는 마음이 크기 때문에 하나님께서도 심판 날까지 가라지를 뽑지 않으시고 그냥 두시는 것입니다.

소돔과 고모라성이 멸망할 때 그곳에 의인 열 명만 있었다면 그 성은 보호받았을 것입니다. 미운 사람이 천 명 있어도 사랑하는 자녀가 그 속에 있다면 아버지는 그곳을 멸망시키지 않을 것입니다. 지상의 교회 안에는 잘못된 지식을 심고 성도들을 실패하게 하는 원수들도 있습니다. 광야에서는 모세를 대적하고 불평하다가 멸망당한 사람들이 있었습니다. 이런 사람들은 예수님 시대뿐 아니라 사도 바울이 사는 시대에도 있었습니다. 오늘날에도 미혹의 영을 가진 자가 천사의 얼굴을 하고, 앞에서는 잘하는 척하다가 뒤에서는 대적합니다. 그 사상은 악령으로부터 오는 것입니다. 이는 진리를 대적하는 사상이며 미혹의 영에 감염된 것입니다. 사도 바울은 잘못된 사상이 빌립보교회에도 들어온 것을 알고 성도를 보호하기 위해 부지런히 교훈했습니다. 교훈을 할 수 있는 것은 행복이요, 교훈을 들을 수 있는 것도 기쁨입니다.

주 안에서 기뻐하라

끝으로 나의 형제들아
주 안에서 기뻐하라
너희에게 같은 말을 쓰는 것이
내게는 수고로움이 없고 너희에게는 안전하니라

빌립보서 3:1

'같은 말'이란 고쳐질 때까지 반복하는 것을 의미합니다. 이는 성도를 보호하기 위해서입니다. 주 안에서의 만남은 기쁨이 있습니다. 성도에게 주님의 말씀을 가르치는 것은 수고 보다는 행복입니다. 어머니가 사랑하는 자녀에게 교훈하는 것은 누림이며 행복입니다. 자녀는 그 말을 들으면서 고맙게 여겨야 합니다. 참된 종은 성도가 미혹의 영에 빠지지 않도록 자주 권면합니다.

"내가 이 장막에 있을 동안에 너희를 일깨워 생각나게 함이 옳은 줄로 여기노니…내가 힘써 너희로 하여금 내가 떠난 후에라도 어느 때나 이런 것을 생각나게 하려 하노라" 벧후 1:13, 15

주 안에 있어야 합니다. 예수 안에 있어야 행복이 있고 미래가 있습니다. 능력도 주 안에서 시작되고 세상에서의 바른 삶도 주 안에 있을 때 가능합니다. 주님의 절대주권에 온전히 지배받는 자가 세상을 변화시킬 수 있습니다.

삼가야 할 것을 삼가라

개들을 삼가고 행악하는 자들을 삼가고
몸을 상해하는 일을 삼가라

빌립보서 3:2

여기서 개들이란 유대주의자들을 말합니다. 이들은 개들처럼 진리를 물고 찢었습니다. 하나님의 말씀에 오류가 있다며 성령의 감동을 무시했습니다. 교역자는 파수꾼의 역할을 해야 합니다. 분별력이 없는 교역자와 교사는 눈먼 소경이며, 벙어리 개입니다. 이단이 들어와도 짖지 않는 개와 같습니다.

"이스라엘의 파수꾼들은 맹인이요 다 무지하며 벙어리 개들이라 짖지 못하며 다 꿈꾸는 자들이요 누워 있는 자들이요 잠자기를 좋아하는 자들이니 이 개들은 탐욕이 심하여 족한 줄을 알지 못하는 자들이요 그들은 몰지각한 목자들이라 다 제 길로 돌아가며 사람마다 자기 이익만 추구하며" 사 56:10-11

잘못된 것이 보이면 과감하게 대적해서 그 사상을 내어 쫓아야 합니다. 건강한 몸에는 암세포가 자라지 못합니다. 그런데 암이 자라고 있다면 문제가 생긴 것이므로 수술이 필요합니다.

잠자기를 좋아한다는 말은 세속에 빠져 기도의 잠을 자는 것을 의미합니다. 여기서 말하는 개는 탐욕스럽고 거룩한 것을 인정하지 못하는 사람들입니다.

"거룩한 것을 개에게 주지 말며 너희 진주를 돼지 앞에 던지지 말라 그들이 그것을 발로 밟고 돌이켜 너희를 찢어 상하게 할까 염려하라" 마 7:6

사랑도 받을만한 자에게 주고 일도 할만한 자에게 맡겨야 합니다. 교만한 자에게 맡기면 큰 어려움을 겪습니다.

하나님의 일꾼이 되었으나 하나님의 뜻을 생각지 않고 자기의 이익을 위해 악을 행하는 사람들이 있습니다. '몸을 상해하다'라는 말의 원어는 '카타토메'입니다. '절단하다' 또는 '몸에 상처를 내다'라는 의미입니다. 이들은 할례를 받아야만 하나님의 백성이 된다고 주장하며, 예수 그리스도의 십자가 보혈을 무시했습니다. 바울은 이러한 이들을 삼가라고 했습니다.

사도 바울이 오늘날 한국교회와 세계교회에 다시 편지한다면 어떤 내용이 담겨있을까요?

세상의 성공을 추구하고 세속주의에 빠지면 교회는 그때부터 쇠퇴하기 시작합니다. 세속적이며 인본적인 주장을 하는 사람들, 영적 권위에 대적하고 순수한 이들을 미혹하는 사람들은 경계하라고 했을 것입니다. 이단은 자신을 파괴하고 가정을 파괴하며 교회를 허뭅니다. 그들은 은밀히 성경공부를 하자고 하며 교역자의 약점을 찾고 유언비어를 퍼트려 목회자를 불신하게 합니다. 교회의 중직, 목회자까지도 넘어지게 합니다.

정신을 똑바로 차려 여러분에게 접근하는 이단을 분별해야 합니다.

예수 그리스도로 자랑하라

하나님의 성령으로 봉사하며 그리스도 예수로 자랑하고
육체를 신뢰하지 아니하는 우리가 곧 할례파라

빌립보서 3:3

참된 성도는 성령으로 봉사합니다. 성령은 창조의 영이며 보혜사 성령은 참된 예배를 드리게 합니다. 성령은 우리가 회개할 때 선물로 임하시는 영입니다.

바울은 그리스도 예수로 자랑하라고 했습니다. 거짓 스승은 자기를 자랑하지만 하나님의 종은 예수님을 자랑합니다. 거짓된 이는 이성으로 주의 일을 하려고 하지만 참된 성도는 기도하며 성령을 의지합니다. 우리의 자랑은 예수 그리스도 밖에 없습니다.

"그러나 내가 나 된 것은 하나님의 은혜로 된 것이니 내게 주신 그의 은혜가 헛되지 아니하여 내가 모든 사도보다 더 많이 수고하였으나 내가 한 것이 아니요 오직 나와 함께 하신 하나님의 은혜로라" 고전 15:10

예수님은 길이요 진리요 생명입니다. 이것을 깨달으면 행복합니다. 바울은 우리가 곧 할례파라고 했습니다. 할례는 택한 백성의 표로 하나님의 언약에 참여하였다는 뜻입니다.

오직 예수님만을 바라보며 기도하고 삼가야 할 것을 분별하며 성령으로 봉사합시다. 이 능력이 세상을 이기는 힘입니다.

능력도 주 안에서 시작되고
세상에서의 바른 삶도
주 안에 있을 때 가능합니다.

13 /

가장
고상한 것을
취하는
삶

빌립보서 3:4~11

구원 밖에 있는 이들은 세상에서 보이는 것만 느끼고 체험합니다. 그러나 구원받은 하나님의 자녀는 자연과 자신의 삶 속에서 보이지 않는 하나님의 숨결을 느끼고 체험합니다. 믿음의 사람은 환경에 지배를 받지 않습니다. 예수 그리스도의 십자가의 능력이 실패를 성공으로, 사망을 생명으로 바꾸기 때문입니다.

바울은 같은 말을 하면서도 수고스럽게 생각지 아니하고 성도들의 안전을 생각했으며, 개들과 행악자들, 몸을 상하게 하는 자들과는 함께 하지 말라고 했습니다. 왜일까요? 사람을 잘못 사귀면 시험에 들고 이단을 만나면 불행해지기 때문입니다.

성령께서 주시는 힘으로 봉사하며, 원망과 불평이 없이 하라고 했습니다. 또한 예수로 자랑하라고 했습니다.

사람은 자랑할 것이 있으면 행복해집니다. 당시에도 육체를 신뢰하고 자신이 가진 것들을 자랑하는 이들이 있었습니다. 자랑거리는 세월에 따라, 그리고 가치관에 따라 변합니다. 사도 바울도 예수님을 만나기 전에는 외적인 것들을 자랑했습니다.

자신의 가치를 진정으로 높여라

그러나 나도 육체를 신뢰할 만하며 만일 누구든지
다른 이가 육체를 신뢰할 것이 있는 줄로 생각하면
나는 더욱 그러하리니

빌립보서 3:4

'육체를 신뢰할 만하다'는 말은 남과 비교해 우수한 자랑거리를 가졌다는 뜻입니다. 바울은 믿지 않는 자들이 자랑하는 것을 다 갖춘 사람이었습니다.

나는 팔일 만에 할례를 받고 이스라엘 족속이요
베냐민 지파요 히브리인 중의 히브리인이요
율법으로는 바리새인이요

빌립보서 3:5

바울은 출생 때부터 언약에 참여한 자였습니다. '이스라엘 족속'은 하나님의 선민(選民)으로 아브라함의 대를 잇는 복된 혈통이라는 뜻입니다. '베냐민 지파'라는 말은 이스라엘이 남유다와 북이스라엘로 갈라질 때 예루살렘 중심으로 세워진 남유다에 속하여 혈통적으로나 율법적으로 아브라함 후손의 순수성을 계승했다는 자부심이 들어간 표현입니다. 이처럼 바울은 자랑거리가 많은 사람이었습니다. 그러나 예수님을 만난 후 사도 바울은 이 모든 것들이 자랑할 만한 것이 아님을 알았습니다.

지금도 가문, 조상, 혈통, 교파, 교단을 자랑하는 사람들이 있습니다. 이런 것들이 자신의 가치를 높인다고 생각하지만 그렇지 않습니다. 오직 예수님을 높일 때 우리도 높아집니다.

'히브리인 중에 히브리인'이라는 말은 히브리말을 사용하고, 히브리 고유전통을 지키는 '보수주의자'라는 뜻으로 풍조에 동요되지 않고 세속화되지 않은 순수한 히브리인이었다는 말입니다. '바리새인'이라는 것은 행실로도 모범이 되며 죽은 자의 부활과 천사의 존재도 믿는 교리적으로도 정통파에 속하였다는 의미입니다. 또한 그는 행동하는 사람이었습니다. 그러나 예수님을 만나지 못한 종교인은 보수, 진보, 전통 등을 따지면서 우월의식에 빠져 헛된 것을 자랑하며 교만에 빠지기 쉽습니다.

그리스도를 위하여 버려라

그러나 무엇이든지 내게 유익하던 것을
내가 그리스도를 위하여 다 해로 여길뿐더러

빌립보서 3:7

전에 유익했던 것들이 예수님 만난 후에는 달라졌습니다. 바울 뿐 아니라 우리들도 이런 변화를 체험하게 됩니다. 예수 그리스도를 믿으면 죄인이라는 것을 깨닫습니다. 외적인 것이 아무 것도 아닌 것으로 깨달아집니다. 인생을 보는 시각도 변합니다. 물질의 부요 이상으로 마음의 부요를 선택합니다. 육체에 대한 신뢰는 그리스도를 알고 따르는 데 방해가 됩니다.

또한 모든 것을 해로 여김은
내 주 그리스도 예수를 아는 지식이
가장 고상하기 때문이라
내가 그를 위하여 모든 것을 잃어버리고
배설물로 여김은 그리스도를 얻고

빌립보서 3:8

'가장'이라는 말은 '최고'를 의미합니다. 예수 그리스도를 아는 지식과 그 말씀에 순종하는 것에 생각과 삶의 최고의 우선순위를 두어야 합니다.

능력자로
서라

“영생은 곧 유일하신 참 하나님과 그가 보내신 자 예수 그리스도를 아는 것이니이다” 요 17:3

우리는 하나님으로부터 났고 그리스도 예수 안에 있습니다. 예수님은 하나님으로부터 나와서 우리에게 지혜와 의로움과 거룩함과 구원함이 되셨습니다. 무엇과도 바꿀 수 없는 소중함이 예수 안에 있습니다.

바울은 예수 그리스도를 위해 모든 것을 배설물로 여겼다고 했습니다. 세상의 지식이 그리스도를 발견하는데 도움을 줄 수도 있습니다. 그러나 바울은 예수 그리스도를 알게 된 후에는 그 모든 것을 뱃속에서 음식물이 소화된 다음에 필요 없이 배설되는 것과 같은 존재로 생각했습니다. 세상의 학문과 명예, 철학 등을 인정하였지만 참 진리 되신 예수 그리스도를 발견한 후에는 미련 없이 버렸습니다. 화장실에 갔다가 배설물에 미련이 있어 돌아보는 사람은 없습니다. 이처럼 바울은 그리스도를 따르면서 세상의 것에 미련을 두지 않았습니다.

예수의 죽으심을 본받으라

버림의 목적은 그리스도를 얻고 그리스도를 소유하기 위함입니다. 과일도 알맹이가 익을 때까지는 껍질이 필요합니다. 알맹이가 다 익으면 껍질은 필요치 않습니다. 과일은 맛이 자랑인 것처럼 예수님의 생명을 깨닫게 되면 예수님 자체가 능력이요 생명임을 알게 됩니다. 예수님을 알면 육체로는 자랑할 것이 없습니다. 하나님의 은혜로 임한 믿음만이 아름답고 소중한 것입니다. 이제는 세상의 복을 받는 것 이상으로 그리스도의 고난에 참여하는 것이 더욱 행복하게 느껴집니다.

> 내가 그리스도와 그 부활의 권능과
> 그 고난에 참여함을 알고자 하여
> 그의 죽으심을 본받아 어떻게 해서든지
> 죽은 자 가운데서 부활에 이르려 하노니
>
> **빌립보서 3:10-11**

우리는 가장 귀한 것을 가졌으니 행복해 하고 만족합시다. 감사하고 찬양합시다. 그 기쁨을 위해 고난도 달게 받고 삽시다. 그리스도의 고난에 동참하고 큰 권능에도 동참하기를 소원합니다. 고난에는 하나님의 말씀에 순종함으로 오는 고난, 세상의 풍습과 어둠의 세력을 거스름으로 받게 되는 고난이 있습니다. 이는 그리스도의 몸된 교회를 위한 고난입니다.

"나는 이제 너희를 위하여 받는 괴로움을 기뻐하고 그리스도의 남은 고난을 그의 몸된 교회를 위하여 내 육체에 채우노라" 골 1:24 그리스도의 최고의 고난은 십자가입니다. 그러나 이 십자가는 부활로 가는 길이요, 사망의 권세를 순종과 죽음으로 이긴 능력입니다. 십자가는 겉으로는 예수님이 죽으신 곳처럼 보이지만 실제는 마귀와 사망이 죽고, 예수님이 승리하신 곳이었습니다. 그리스도를 위해 당하는 고난은 행복해지고 영적 건강을 지키며 영원한 누림과 영광에 참여 하는 일입니다.

예수 그리스도를 아는 지식이 가장 고상한 지식임을 알고 주님만을 섬기며 부활의 권능에 참여하시기를 바랍니다.

14 /

분명한

목표가

있는

삶

빌립보서 3:12~16

///

사람에게는 하나님께서 정해주신 수명이 있습니다. 대부분 100년 안에 모든 것이 끝이 납니다. 이 기간 동안 사람들은 다양한 방법으로 살아갑니다. 목표를 정해 열심히 노력하여 지도자가 되고, 좋은 업적을 남겨 다른 사람에게 유익을 주며 행복한 삶을 사는 사람이 있습니다. 반면 아무런 목표 없이 자신에게 주어진 시간을 의미 없이 보내는 사람도 있습니다. 이런 사람은 기대도, 계획도 없이 자신의 의무와 사명이 무엇인지도 모르고 환경에 떠밀려 살다 늙고 병들어 죽어갑니다.

목표가 분명했던 바울은 환경에 빠지지 않고 어려운 현실에도 지배받지 않은 채 푯대를 향해 달려갔습니다. 바울은 자신이 구원에 초청된 자로서 주님의 손에 붙잡혀 있다는 것을 알고 있었습니다. 그러나 그는 끌려가는 삶이 아닌 자원(自願)하여 달려가는 삶을 살았습니다.

구원은 하나님의 은혜의 선물입니다.

"너희는 그 은혜에 의하여 믿음으로 말미암아 구원을 받았으니 이것은 너희에게서 난 것이 아니요 하나님의 선물이라" 엡 2:8

구원은 인간의 노력 없이 하나님의 절대주권으로 받는 것입니다. 그러나 바울은 구원 받은 것에 만족하지 않고 구원을 받으려고 노력하는 자세를 보여주고 있습니다. 바울은 말씀에 순종하며 성화를 이루어가는 삶을 계속 살았습니다. 사도 바울이 목표를 향해 열정으로 달려갈 수 있는 가치관은 어디에서 나왔을까요?

고난의 고통보다 부활의 영광을 알라

또한 모든 것을 해로 여김은

내 주 그리스도 예수를 아는 지식이

가장 고상하기 때문이라

내가 그를 위하여 모든 것을 잃어버리고

배설물로 여김은 그리스도를 얻고

빌립보서 3:8

바울은 자신이 지금까지 배우고 따르며 실천의 에너지로 삼아왔던 모든 것을 미련 없이 버렸습니다. 이전에 자신이 정죄했던 예수님이 가장 소중하다는 것을 알았습니다. 그리고 예수 안에는 고난이 있지만 그 뒤에는 부활도 있다는 것을 알게 되었습니다. 고난의 고통보다 부활의 영광이 훨씬 크다는 것을 알았기 때문에 고난의 십자가를 지는 것을 주저하지 않았습니다.

> 내가 그리스도와 그 부활의 권능과
>
> 그 고난에 참여함을 알고자 하여
>
> 그의 죽으심을 본받아 어떻게 해서든지
>
> 죽은 자 가운데서 부활에 이르려 하노니
>
> **빌립보서 3:10-11**

부활의 열매와 누림을 아는 사람은 십자가의 나무를 키우는 것을 주저하지 않습니다. 생명의 소중함을 아는 사람은 해산의 고통을 자청합니다. 결혼을 하면 얼마나 행복한지를 아는 사람들이 둘이 하나 되는 불편하고 복잡한 과정을 극복합니다.

부활을 믿습니까? 부활의 신앙을 가지면 현실은 우리에게 그렇게 대단한 것이 아닙니다. 바울을 결박하고 있는 차꼬도 그에게 불행을 심어주지 못했습니다.

내가 이미 얻었다 함도 아니요
온전히 이루었다 함도 아니라
오직 내가 그리스도 예수께 잡힌 바 된
그것을 잡으려고 달려가노라

빌립보서 3:12

사도 바울은 신령한 체험을 했습니다. 하나님으로부터 믿음을 선물로 받고 분별의 은사와 신유의 능력을 받았습니다. 성령 안에서 세상을 이기는 능력을 가졌습니다. 그럼에도 바울은 노력하는 자로 살았습니다. 항상 기뻐하고 쉬지 않고 기도하고 범사에 감사했습니다. 예수 안에 구원 받은 사람은 항상 깨어있어야 합니다. 목사가 된 후에도 목사가 되려고 노력하는 자세로 살고, 장로가 되었어도 장로가 되려고 노력하는 자세로 살고, 결혼을 했어도 결혼하려는 신랑 신부의 자세로 노력한다면 모두가 행복할 것입니다. 사도 바울은 자신의 삶을 빌립보 성도들에게 말합니다.

형제들아 나는 아직 내가 잡은 줄로 여기지 아니하고
오직 한 일 즉 뒤에 있는 것은 잊어버리고
앞에 있는 것을 잡으려고

빌립보서 3:13

능력자로
서라

빌립보 성도들이 보기에 바울은 대단한 사도였습니다. 그러나 바울 자신은 잡은 줄로 생각지 않고 앞에 있는 것을 잡으려고 노력하고 있다고 했습니다. 전진하기 위해서는 과거에 매이지 말아야 합니다.

1953년 미국의 예일대 졸업생들을 대상으로 삶의 목표에 대한 조사를 했다고 합니다. '당신은 인생의 구체적인 목표와 계획을 글로 써놓은 것이 있습니까'라는 질문을 던졌는데, 졸업생 중 단 3%만이 인생의 구체적인 목표와 계획을 글로 써놓았다고 답했습니다. 나머지 97%는 그저 생각만 하거나 아니면 아예 목표가 없는 경우였습니다.

20년 뒤 그 학생들을 다시 조사 해보니 구체적인 목표가 있었던 3% 의 사람들은 97%의 사람들보다 훨씬 더 많은 부를 가지고 있었습니다.

삶의 목표가 없으면 의지가 부족해져 환경에 쉽게 낙심하고 좌절합니다. 믿음 안에 사는 사람들은 상처 받았던 아픈 기억들을 떨쳐 버리고 전진해야 합니다. 타락된 인간은 은혜를 빨리 잊어버리고 서운했던 것은 오래 기억합니다. 과거에 붙잡혀 미래를 설계하지 못하면 발전할 수 없습니다. 또 잘했던 일만 기억하여 자아도취에 빠지면 교만해져서 진보와 발전을 이룰 수가 없습니다. 오늘부터 뒤에 있는 것은 잊어버리고 그리스도의 능력으로 일어나시길 바랍니다.

푯대를 바르게 선택하라

빌립보서 3:14

바울의 목표는 위에서 부르신 부름의 상, 곧 하나님께서 주시는 상이었습니다. 하나님께 상 받는 것이 삶의 목표가 될 때 날마다 성령의 능력을 체험할 수 있습니다. 부름의 상을 위해 우리에게 주어진 시간을 어떻게 사용해야 합니까? 세월을 아끼고 시간을 선용해야 합니다.

"세월을 아끼라 때가 악하니라" 엡 5:16

우리의 육체는 어떻게 사용해야 합니까? 죽도록 충성해야 합니다.

"너는 장차 받을 고난을 두려워하지 말라 볼지어다 마귀가 장차 너희 가운데에서 몇 사람을 옥에 던져 시험을 받게 하리니 너희가 십 일 동안 환난을 받으리라 네가 죽도록 충성하라 그리하면 내가 생명의 관을 네게 주리라" 계 2:10

돈을 버는 목적은 무엇입니까? 영혼구원, 사랑실천, 성전건축 등 신령한 목표가 있다면 하나님이 기뻐하실 것입니다. 사사로운 일에 매여서는 안 됩니다.

하나님 안에서 목표가 분명한 사람은 시간과 환경이 주어지면 주의 일에 힘을 쓰고, 주님 밖의 목표를 가진 사람은 자신의 명예와 쾌락을 위해 사용합니다. 이런 사람들은 자기를 위해서 예수님을 파는 가룟 유다와 같아서 미래가 없습니다. 그러나 하나님의 영광을 먼저 생각하는 자는 하나님께서 높여주십니다.

그러므로 누구든지

우리 온전히 이룬 자들은 이렇게 생각할지니

만일 어떤 일에 너희가 달리 생각하면

하나님이 이것도 너희에게 나타내시리라

오직 우리가 어디까지 이르렀든지

그대로 행할 것이라

빌립보서 3:15-16

부름의 상을 위해 달려가는 바울처럼 현실 앞에서 물러서지 않고 그대로 전진하는 것만이 승리의 비결입니다. 십자가는 부활의 나무요, 고난은 상급의 씨앗입니다.

"생각하건대 현재의 고난은 장차 우리에게 나타날 영광과 비교할 수 없도다" 롬 8:18

박해는 신앙을 성장시키는 힘입니다. 죽은 나무에 물을 자주 주면 뿌리가 썩는 것을 재촉하지만 살아있는 나무에게는 성장의 양

분이 됩니다.

"우리가 알거니와 하나님을 사랑하는 자 곧 그의 뜻대로 부르심을 입은 자들에게는 모든 것이 합력하여 선을 이루느니라" 롬 8:28

삶의 목표를 분명히 가진 사람, 하늘의 상급과 영원한 축복을 기대하는 사람으로 십자가와 부활에 푯대를 두고 성령의 인도함을 받아 살기를 바랍니다. 전력으로 질주하다 보면 걱정하고 염려하고 갈등하고 미워할 시간도 없습니다.

주님만 바라보면서 일하고, 공부하고, 사업을 하며 하나님께 영광을 돌리는 삶을 살아봅시다.

하나님의 말씀대로 순종하면
그분의 능력과 권세로
승리할 수 있습니다.

15

하늘 시민의 삶

빌립보서 3:17~21

아프리카 세렝게티 초원에 갔을 때, 이동하는 누우(gnu)떼를 보면
서 넘치는 생명력을 느꼈습니다. 그들은 국경을 넘나들며 맹수의
공격과 악어의 위협을 피하고 비가 내리는 지역을 찾아 생명을
이어갑니다. 위험이 있어도 물러서지 않고 분명한 목적지를 향해
달려가는 짐승에게서 우리는 배울 점이있습니다. 짐승도 뚜렷한
목표를 가지고 이동한다는 것입니다.

누우 떼가 물과 풀이 있는 곳을 향해 가듯 사람도 영생과 평안을
향하여 달려가야 합니다. 사도 바울은 자유를 박탈당해 감옥에 갇
혀있었지만 그의 영혼의 활동은 갇히지 않았습니다. 그는 빌립보

성도들에게 푯대를 향하여 그리스도 예수 안에서 하나님이 위에서 부르신 부름의 상을 위하여 달려간다고 했습니다.

푯대는 도달할 목표 지점으로, 예수 그리스도와 하늘의 면류관과 상을 말합니다. 바울은 위에서 부르신 부름의 상을 위하여 말씀에 의지하여 순종하는 삶으로, 복음 전하는 삶으로 분주히 살았습니다. 구원 받은 자는 중단 없이 푯대를 향하여 달려가야 합니다. 사도 바울은 자신이 먼저 달려가면서 성도들에게 자신을 따라오라고 했습니다.

> 형제들아 너희는 함께 나를 본받으라
> 그리고 너희가 우리를 본받은 것처럼
> 그와 같이 행하는 자들을 눈여겨 보라
>
> **빌립보서 3:17**

사도 바울은 빌립보 성도들에게 그리스도를 따르는 본을 보였습니다.

간절히 권면하라

> 내가 여러 번 너희에게 말하였거니와
> 이제도 눈물을 흘리며 말하노니 여러 사람들이
> 그리스도의 십자가의 원수로 행하느니라

능력자로
서라

탈선한 자녀를 앞에 두고 교훈할 때 부모는 이런 생활을 계속하면 미래에 어떤 결과가 올 것인지에 대해 눈물을 흘리며 말합니다. 예수님을 만난 후 새로운 세계를 깨달은 바울도 잘못된 삶에 붙잡힌 이들을 향해 사랑의 눈물을 흘리면서 교훈했습니다. 지금 사도 바울은 여러 사람들이 십자가의 원수로 행하는 것을 보면서 간절히 권면하고 있습니다.

복음을 전파할 때 간절함을 가집시다. 복음은 간절한 마음으로 성령의 능력을 힘입어 전해야 합니다. 행하며 전하고, 본을 보이며 전해야 합니다.

"너는 말씀을 전파하라 때를 얻든지 못 얻든지 항상 힘쓰라 범사에 오래 참음과 가르침으로 경책하며 경계하며 권하라" 딤후 4:2

일제 강점기, 최봉석 목사님이 외친 "예수 천당"에도 그의 간절함이 배어 있었습니다. 만나는 사람마다 예수의 이름을 듣게 해야겠다고 생각한 그의 외침은 영혼을 울리는 소리였습니다. 1944년, 최봉석 목사님은 감옥에서 40일 금식기도를 시작했습니다. 가족들이 음식을 준비하여 면회를 왔을 때 "내가 금식기도를 작정한 줄 알고 마귀가 맛있는 음식으로 나를 시험 하는구나"하면서 웃었다고 합니다. 그 후 몸이 약해져 병보석으로 나온 최 목사님은 가족과 산정현교회 성도들이 지켜보는 가운데 하나님의 품에 안겼습니다. 그분의 말씀과 교훈에는 눈물의 간절함이 있었습니다.

마귀 운동을 분별하라

기독교 안에서도 십자가의 원수로 행하는 자들이 있습니다. 이런 자들은 당시 뿐 아니라 현재에도 있습니다. 그들은 배를 하나님 삼고 부끄러운 일을 영광으로 알고 땅의 일만 생각하는 자들입니다. 그런 자들의 종말은 멸망입니다.

"그들의 신은 배요"라는 말은 물질주의, 탐욕주의를 가리킵니다. 이런 자들이 교회를 타락시킵니다. 그리고 그들은 현재 영광으로 생각하는 것이 훗날 하나님 앞에 갔을 때 부끄러움으로 나타납니다. 일제 강점기 시대에 옳다고 생각하고 행한 것들이 해방 후에는 부끄러운 것으로 판명되기도 합니다. 또 어떤 사람에게는 인정을 받았지만 그것이 나중에 부끄러움으로 나타날 때도 있습니다. 정도(正道)를 버리고 방탕, 방종, 세속과 쾌락에 빠지면 부끄러움의 길을 걸을 수 밖에 없습니다.

"배신하며 조급하며 자만하며 쾌락을 사랑하기를 하나님 사랑하는 것보다 더하며" 딤후 3:4

바울은 빌립보교회에도 이 같은 자들이 있으니 조심하라고 권면합니다. 이들은 땅의 일을 생각하는 자들이며 세속적으로 생각하는 자들입니다. 예수님의 수제자인 베드로도 땅의 일을 생각한 적이 있었습니다.

"베드로가 예수를 붙들고 항변하여 이르되 주여 그리 마옵소서 이 일이 결코 주께 미치지 아니하리이다 예수께서 돌이키시며 베드로에게 이르시되 사탄아 내 뒤로 물러 가라 너는 나를 넘어지게 하는 자로다 네가 하나님의 일을 생각하지 아니하고 도리어 사람의 일을 생각하는도다 하시고" 마 16:22-23

베드로의 이 말은 진심이었을 것입니다. 그러나 하나님의 편에서 보았을 때 그의 말은 하나님의 일과는 상관없는 사람의 열심과 열정이었습니다.

지혜로운 사람은 분별력을 가지고 그리스도를 따라가야 합니다. "내가 그리스도와 함께 십자가에 못 박혔나니 그런즉 이제는 내가 사는 것이 아니요 오직 내 안에 그리스도께서 사시는 것이라 이제 내가 육체 가운데 사는 것은 나를 사랑하사 나를 위하여 자기 자신을 버리신 하나님의 아들을 믿는 믿음 안에서 사는 것이라" 갈 2:20 예수 안에는 헛된 것이 없으며 영원한 승리만이 있습니다.

하늘 시민권을 자랑하라

그러나 우리의 시민권은 하늘에 있는지라

거기로부터 구원하는 자 곧 주 예수 그리스도를 기다리노니

그는 만물을 자기에게 복종하게 하실 수 있는 자의 역사로

우리의 낮은 몸을 자기 영광의 몸의 형체와 같이

변하게 하시리라

빌립보서 3:20-21

하늘의 시민은 하나님 나라의 실력으로 살아갑니다. 여행을 다니다 보면 여권의 국적에 따라서 공항 직원들의 태도가 달라지는 것을 볼 수 있습니다. 그 나라의 국민은 그 나라의 국력만큼 보호를 받습니다. 이전에 미국의 한 대통령은 북한에 억류되었던 미국 여기자들을 데려온 적이 있습니다. 그들이 미국 시민권자이기 때문이었습니다.

시민에게는 권리도 있지만 의무도 있습니다. 하늘나라의 시민도 마찬가지입니다. 누림도 있지만 세상을 향한 하나님의 뜻을 이루어야 할 사명도 있습니다.

"주를 향하여 이 소망을 가진 자마다 그의 깨끗하심과 같이 자기를 깨끗하게 하느니라" 요일 3:3

우리의 소망은 주님의 나라에 들어가는 것이며 부활하신 예수님의 몸과 같이 영광스러운 몸으로 변하는 것입니다. 하나님은 예수 그리스도의 구속하심으로 만물을 그의 발 아래에 복종시키십니다.

"만물을 그의 발 아래에 두셨다 하셨으니 만물을 아래에 둔다 말

씀하실 때에 만물을 그의 아래에 두신 이가 그 중에 들지 아니한 것이 분명하도다" 고전 15:27

현재 우리의 몸은 죄 가운데 속해 썩을 몸이며 영원하지 못한 몸입니다. 예수님께서는 이같은 우리의 몸을 자기 영광의 몸의 형체와 같이 부활의 몸으로 변화시키시며, 신령한 몸으로 영광스러운 하늘나라에서 영원히 살게 하실 것입니다.

"욕된 것으로 심고 영광스러운 것으로 다시 살아나며 약한 것으로 심고 강한 것으로 다시 살아나며 육의 몸으로 심고 신령한 몸으로 다시 살아나나니 육의 몸이 있은즉 또 영의 몸도 있느니라" 고전 15:43-44

이 진리를 깨달은 사람은 적당히 살 수 없습니다. 죽도록 충성합니다. 한국교회의 원로이신 고(故)방지일 목사님이 80세 쯤에 인도선교를 가기로 했는데 계단에서 넘어져 다리가 부러졌습니다. 그럼에도 깁스를 하고 목발을 짚고 다녀오셨습니다. 100세가 넘는 고령에도 여전히 설교를 하셨습니다. 목표를 가진 자는 환경, 나이, 그 어떤 것에도 굴복하지 않고 하늘시민의 권세를 가지고 전력을 다하여 달려갑니다.

장수를 원하면 하나님 일에 열심을 내십시오. 부자가 되기를 원하면 열심히 심어보십시오. 높아지길 원하면 온전히 겸손하십시오. 하나님이 높이시고 채워주실 것입니다.

4부

자족과
감사가
넘치기를

생각의 지키움을 받는 삶

빌립보서 4:1~7

땅의 일을 생각하는 사람은 땅을 기준으로 말합니다. 구원 받은 사람은 예수님을 중심으로 생각합니다. 세월이 갈수록 믿는 사람은 존귀해지고 그의 판단은 더욱 귀하게 보입니다.

사도 바울은 주의 성령으로 충만했으며 하늘의 일을 생각하며 전도자로 살았습니다. 바울은 우리에게 선택받은 자들의 삶의 도리(道理)와 전능자로부터 보호받는 비결을 가르쳐 줍니다. 지금 우리는 그 위대한 진리를 듣고 있습니다.

주 안에서 항상 기뻐하라

빌립보서 4:4

기쁨에도 두 종류가 있습니다. 주님 안에서의 기쁨과 주님 밖에서의 기쁨입니다. 주님 밖에서의 기쁨은 세속적이고 쾌락적이라서 훗날 고통이 될 수도 있습니다.

요나는 하나님이 강권적으로 역사하여 니느웨에 하나님의 말씀을 전하러 간 선지자입니다. 그는 자신의 사명을 마치고 니느웨 성의 결말을 보려고 성읍 밖에 초막을 짓고 앉았습니다. 한낮의 땡볕이 그의 머리 위로 내리쬐었습니다.

"하나님 여호와께서 박 넝쿨을 예비하사 요나를 가리게 하셨으니 이는 그의 머리를 위하여 그늘이 지게하며 그의 괴로움을 면하게 하려 하심이었더라 요나가 박 넝쿨로 말미암아 크게 기뻐하였더니" 욘 4:6

그러나 기쁨도 잠시 곧 벌레가 넝쿨을 갉아먹었습니다. 넝쿨이 마르고 다시 햇볕이 내리쬐자 요나는 고통스러워하며 하나님을 원망하고 차라리 죽기를 구했습니다.

육신의 편안함을 위했던 것은 금방 사라질 수 있고 그 기쁨도 잠시 뿐입니다. 바사 왕 아하수에로의 심복 하만은 에스더 왕후의

파티에 왕과 함께 초청을 받자 매우 기뻐했습니다. 그러나 그것은 죽음으로 가는 초대였습니다. 반면, 주님 안에서 누리는 기쁨도 있습니다. 이 기쁨은 영원하며 환경에 지배되지 않습니다. 구원의 하나님으로 말미암아 오는 기쁨은 아무도 빼앗을 수 없습니다.

"비록 무화과나무가 무성하지 못하며 포도나무에 열매가 없으며 감람나무에 소출이 없으며 밭에 먹을 것이 없으며 우리에 양이 없으며 외양간에 소가 없을지라도 나는 여호와로 말미암아 즐거워하며 나의 구원의 하나님으로 말미암아 기뻐하리로다" 합 3:17-18 예수를 믿는 사람은 실패 가운데서도 기뻐합니다. 설령 성공하지 못하더라도 그것이 신앙에 유익을 줄 수 있기 때문입니다. 스데반은 돌에 맞아 죽었지만 그의 죽음은 소망으로 연결되었습니다. 믿는 자의 얼굴에는 기쁨이 있어야 합니다. 기뻐하는 자가 하나님께 영광을 돌릴 수 있습니다. 기뻐하는 자가 남을 기쁘게 할 수 있습니다. 기쁨은 마음 속에 맺히는 성령의 열매입니다.

관용을 알게 하라

너희 관용을 모든 사람에게 알게 하라

주께서 가까우시니라

빌립보서 4:5

예수님의 마음으로 사람들에게 관용을 베푸는 것은 하나님의 뜻입니다. 관용은 다른 사람을 너그럽게 대하는 것입니다. 상대방의 잘못을 용서하고 타인을 이해하고 존중하며 다른 사람의 입장에서 생각하는 것입니다. 예수님 당시에 바리새인들은 정죄하는데 열심을 내었습니다. 그러나 주님은 인간의 타락과 연약함을 인정하고 용서하고 관용하는 모습을 보여주었습니다.

다른 사람에게는 각박하고 자신에게는 관대한 자를 자기중심적인 사람이라고 합니다. 자비를 베풀어도 시기만 남아 편 가르기에 앞장서고, 사랑을 가르치는 자들도 분노와 미움을 토로하는 것을 보면서, 세상이나 상대를 정죄하기 전에 자신에 대한 성찰이 우선되어야 합니다. 관용은 인간관계의 기본 덕목입니다. 관용은 주 안에 있을 때 나타나는 현상으로 사랑이 있어야 할 수 있습니다. 그러므로 자녀에 대한 부모의 관용은 끝이 없습니다. 그 이유는 사랑하기 때문입니다. 신앙의 정도에 따라 관용도 다른 모습으로 나타납니다. 저는 자녀를 키우면서 아이들이 공부하지 않는 것은 관용했습니다. 그러나 신앙생활에 대해선 엄격했습니다. 인간관계는 실패한다 할지라도 하나님과의 관계만큼은 바르게 갖길 원했고, 모든 것을 다 잃어버려도 하나님만은 떠나지 않기를 원했습니다.

아이들이 교회만 가고 공부는 안한다고 고민하는 부모들이 있습니다. 30년이 넘은 목회경험으로 학원 때문에 아이들의 교회생활을 금한 부모 치고 후회 하지 않는 사람이 없었습니다. 신앙이 잘

성장하면 공부는 하지 말라고 해도 합니다. 하나님께서 의지와 지혜를 주시기 때문입니다.

하나님께 아뢰어라

아무 것도 염려하지 말고
다만 모든 일에 기도와 간구로,
너희 구할 것을 감사함으로
하나님께 아뢰라

빌립보서 4:6

간구는 소원을 아뢰는 것입니다. 갖고 싶은 것을 달라는 소원과 맺힌 것을 풀어달라는 간청입니다. 이에 비해 기도는 하나님과 친밀한 관계를 표현하는 것으로 간구보다 폭이 넓습니다.

하나님 앞에서 인간은 아무 염려할 것이 없습니다. 그러나 하나님을 떠나면 환경에 빠지고 기도를 쉬면 염려에 빠집니다. 아버지의 품을 떠났던 탕자는 고통 속에 빠졌습니다. 그러나 아버지께로 돌아온 후에는 모든 것이 회복되고, 염려할 것이 없었습니다.

기도하면서 성령의 능력으로 행복하게 살아갑시다. 예수님께서는 보물을 하늘에 쌓아두어 안전하게 보관하라고 했습니다. 마음을 하늘에 두고 오직 하나님만을 섬기라 했습니다.

"오직 너희를 위하여 보물을 하늘에 쌓아 두라 저기는 좀이나 동록이 해하지 못하며 도둑이 구멍을 뚫지도 못하고 도둑질도 못하

느니라 네 보물 있는 그 곳에는 네 마음도 있느니라” 마 6:20-21

무엇을 먹을까, 무엇을 입을까 염려하지 말고 생명을 위한 감사를 아뢰어야 합니다.

“그러므로 내가 너희에게 이르노니 목숨을 위하여 무엇을 먹을까 무엇을 마실까 몸을 위하여 무엇을 입을까 염려하지 말라 목숨이 음식보다 중하지 아니하며 몸이 의복보다 중하지 아니하냐” 마 6:25

사람의 힘으로 어쩔 수 없는 것들도 있습니다.

“너희 중에 누가 염려함으로 그 키를 한 자라도 더할 수 있겠느냐” 마 6:27

염려한다고 더 잘되는 것도 없습니다. 마음의 고통만을 더할 뿐입니다. 주님은 염려 대신에 기도하라고 하셨습니다.

“그런즉 너희는 먼저 그의 나라와 그의 의를 구하라 그리하면 이 모든 것을 너희에게 더하시리라 그러므로 내일 일을 위하여 염려하지 말라 내일 일은 내일이 염려할 것이요 한 날의 괴로움은 그 날로 족하니라” 마 6:33-34

하나님의 뜻은 성도 한 사람 한 사람이 기쁨을 가지고 인간관계에서 관용을 보이는 것입니다. 그리고 염려하지 않고 기도와 간구하기를 바라십니다.

하나님께서는 우리의 마음과 생각을 알고 지켜주십니다.

그리하면 모든 지각에 뛰어난

능력자로
서라

하나님의 평강이

그리스도 예수 안에서

너희 마음과 생각을 지키시리라

빌립보서 4:7

요즘 시대엔 많은 사람들이 전쟁의 공포와 사회적 불안에 사로잡혀 있습니다. 마음과 생각을 지키지 못해 자살 충동을 느낍니다. 하나님의 평강을 구하시기 바랍니다. 편안한 마음으로 기뻐하고 관용하는 능력을 주실 것입니다.

17 /

자족을 배우는 삶

빌립보서 4:8~12

분단된 조국의 아픔이 60년 이상 지속되면서 세대 간의 다양한 문제를 일으키고 있습니다. 문제를 해결하기 위해선 먼저 북한은 전쟁을 일으킨 것에 대해 회개해야 합니다. 우리는 미움과 적개심 보다 유엔을 비롯하여 우리를 도와준 나라에 감사하는 마음을 가져야 합니다. 그리고 분열된 마음과 배척하는 행위를 중단하고 나라와 민족을 사랑하는 마음으로 하나님의 말씀을 묵상하고 즐거워하며, 성경이 가르쳐 준대로 살아야 합니다. 그렇게 할 때 우리 민족에게 소망이 있습니다.

오늘 사도 바울은 편지를 마무리하면서 구원받은 성도들이 어떻게 살아야 하는가를 말하고 있습니다.

앞 선 사람은 본을 보이라

빌립보서 4:9a

바울은 신앙과 경건에 앞선 사람이었습니다. 앞선 사람들이 더 헌신해야 뒤에 있는 사람들이 그것을 보고 따라옵니다. 부모가 잘 해야 아이들이 잘 따라옵니다. 6.25전쟁 때 UN의 장군들이 앞장 을 섰고 그들의 자녀들도 전쟁터에 보냈습니다. 저를 비롯해서 우리 앞선 부모가, 지도자들이 더 바르게 살고 더 헌신하기를 바 랍니다.

사도 바울은 앞선 자로서 빌립보 성도들에게 많은 것을 보여주고 가르쳐주었습니다. 귀신들려 점치는 여인에게서 귀신을 쫓아내 어 성령의 역사를 보여주었습니다. 억울하게 매 맞고 감옥에 갇 혔어도 기도하고 찬송하는 모습을 보여주었습니다.

"그가 이러한 명령을 받아 그들을 깊은 옥에 가두고 그 발을 차꼬 에 든든히 채웠더니 한밤중에 바울과 실라가 기도하고 하나님을 찬송하매 죄수들이 듣더라" 행 16:24-25

또 감옥이 열렸어도 달아나지 않고 하나님의 뜻을 기다렸습니다. 그리고 두려워서 엎드린 그에게 구원의 길을 보여주었습니다.

"간수가 등불을 달라고 하며 뛰어 들어가 무서워 떨며 바울과 실라 앞에 엎드리고 그들을 데리고 나가 이르되 선생들이여 내가 어떻게 하여야 구원을 받으리이까 하거늘 이르되 주 예수를 믿으라 그리하면 너와 네 집이 구원을 받으리라 하고" ^{행 16:29-31}

우리는 사도 바울에게서 천국을 사랑하고, 환난을 이기고, 어떤 형편에든지 자족하며 범사에 감사함을 배웠습니다.

평강의 하나님이 함께 계신다는 것은 인생 최고의 축복입니다. 양손에 과자가 없어도, 주머니에 돈이 없어도, 엄마 아빠와 함께 있으면 어린아이는 문제될 것이 없습니다. 여러분이 있는 지금 그 곳이 광야라 할지라도 혹은 풀무불 속이라 할지라도 하나님이 함께 하시고 동행하시기만 하면 삶에 아무런 분제가 없습니다. 왜냐하면 하나님은 반석에서 샘물이 나게 하시며, 광야에서도 만나와 메추라기를 주시며, 풀무불 속에서도 털끝 하나 타지 않게 하시기 때문입니다.

중요한 것은 지금 우리가 처한 형편이 어떠한가가 아니라, 하나님이 우리와 함께 하시느냐, 하나님이 우리의 기도를 듣고 계시느냐 입니다.

내가 주 안에서 크게 기뻐함은

너희가 나를 생각하던 것이 이제 다시 싹이 남이니

너희가 또한 이를 위하여 생각은 하였으나

기회가 없었느니라

빌립보서 4:10

바울은 빌립보교회 성도들이 자신을 돕는 것을 기뻐했습니다. 왜냐하면 그것이 하나님의 일에 동참하는 길이며, 그 일로 나중에 하나님의 복을 받기 때문입니다. 요한3서에서 사도 요한도 "내가 내 자녀들이 진리 안에서 행한다 함을 듣는 것보다 더 기쁜 일이 없도다" 요삼 1:4 라고 하였습니다. 하나님은 진리 안에서 행하는 자를 기뻐하십니다. 그리고 하나님의 복은 그러한 자들에게 주어집니다. 예수 믿는 부모들이 가장 행복한 때가 언제입니까? 자녀들이 신앙생활을 잘할 때입니다. 왜냐하면 그것이 자녀가 잘되는 길이기 때문입니다. 신앙생활에 승리하면 육신의 환경도 다 회복됩니다. 그러나 하나님과의 관계가 단절이 되면 다른 것도 실패하는 모습들을 종종 봅니다.

"그런즉 너희는 먼저 그의 나라와 그의 의를 구하라 그리하면 이 모든 것을 너희에게 더하시리라" 마 6:33

바울은 행복한 목회자이며 전도자입니다. 남편은 아내의 존경을

능력자로
서라

받을 때, 아내는 남편의 사랑을 받을 때 행복합니다. 부모님은 자녀들이 부모의 수고를 알고 권위를 인정하고 순종하고 잘 살아갈 때 행복합니다. 목회자는 하나님이 기도를 들으시고 성도들이 설교 말씀에 순종할 때 행복합니다. 성도는 목회자가 자신의 진실을 알아주고 약한 것을 인정하고 이해해 주고 부모님처럼 사랑해 준다는 것을 알 때 행복합니다.

자족의 비결을 알라

내가 궁핍하므로 말하는 것이 아니니라
어떠한 형편에든지 나는 자족하기를 배웠노니
나는 비천에 처할 줄도 알고 풍부에 처할 줄도 알아
모든 일 곧 배부름과 배고픔과 풍부와 궁핍에도
처할 줄 아는 일체의 비결을 배웠노라

빌립보서 4:11-12

바울은 하나님께로부터 자족하는 일체의 비결을 배웠습니다. 하나님께서는 우리를 사랑하셔서 비천에 처하게도 풍부에 처하게도 하십니다. 훈련을 극복하지 못하면 강한 군대가 될 수 없습니다. 세상이 악할수록 하나님은 성도들을 더 강하게 훈련시키십니다. 제가 군대생활 할 때 논산훈련소에서는 제식훈련, 포복, 사격, 총검술 등 간단한 것만 배웠습니다. 그러나 베트남전 참전을 위해 훈련 받을 때는 더 힘들고 더 강도 높은 훈련을 했습니다. 처음에는 왜 이런 훈련을 하는지 궁금했습니다. 베트남에 파병되어 보니 정글에서 전투하고 생존하는 기술들이었습니다. 지금 고통스럽고 힘들더라도 앞으로 어떤 환경에서도 이기게 하려고 연단하신다는 것을 기억하고 참고 견디고 기도하기를 바랍니다.

아무리 어려워도 예수님을 떠나지 마십시오. 하나님의 말씀을 강하게 붙드십시오. 그리고 눈물을 흘리면서 주님 앞에 기도합시다. 예수님도, 요셉도, 사도 바울도 비천한 장소와 어려운 환경 속에서도 하나님의 선하심만을 바라보았습니다.

열등감이나 좌절감에 빠지지 말고 때가 되면 하나님이 높여준다는 것을 믿고 섬김의 비전을 가집시다. 헌신의 비전, 사랑의 비전을 가지면 행복의 길이 열립니다. 사랑에 목마르고, 용서에 목마르고, 섬김에 목마를 때 누림과 행복이 시작됩니다.

이제 자족하기를 배웠으니 늘 감사하며 겸손하게 살기를 바랍니다. 궁핍보다 무서운 것이 풍부입니다. 왜냐하면 사람은 부하면 교만해지기 때문입니다. 일체의 비결을 배웠다는 말에 이어 사도 바울은 이렇게 고백합니다.

내게 능력 주시는 자 안에서
내가 모든 것을 할 수 있느니라

빌립보서 4:13

예수 그리스도 안에 있어야 자족할 수 있고, 모든 것을 할 수 있고, 승리할 수 있습니다. 먼 나라로 갈 때 비행기나 배 안에 있으면 애쓰지 않고 가만히 앉아만 있어도 목적지를 향해 갑니다. 무언가를 하려는 의욕보다 우선 할 것은 주님 안에 있는가, 주님이 함께 하시는가 입니다.

주님 안에서 새롭게 시작합시다. 하나님께서 하심을 기억하고 소망 가운데 자족하며 범사에 감사합시다.

쓸 것을 풍성히 채우는 삶

빌립보서 4:13~23

/ /

자족(自足)은 자기가 가지고 있는 것에 스스로 만족하는 것입니다. 잠언에 보면 아굴의 기도가 나옵니다.

"내가 두 가지 일을 주께 구하였사오니…나를 가난하게도 마옵시고 부하게도 마옵시고 오직 필요한 양식으로 나를 먹이시옵소서 혹 내가 배불러서 하나님을 모른다 여호와가 누구냐 할까 하오며 혹 내가 가난하여 도둑질하고 내 하나님의 이름을 욕되게 할까 두려워함이니이다" 잠 30:7-9

이것은 가난하든 부(富)하든, 그것 때문에 하나님을 멀리 하지 않으려고 몸부림치는 사람의 기도입니다. 자족의 비결을 배우면 지식도, 가치관도, 생활도 달라집니다. 자족하는 일체의 비결은 예수님에게서 배울 수 있습니다.

저는 거처에 대해 불만을 가져 본 적이 있습니다. 개척을 하고 두 번째 이사한 집이 너무 형편 없었습니다. 방은 세모 모양이었고 화장실인 줄 알고 사람들이 들어올 정도였습니다. 아내와 아이들을 생각하면 너무 미안해서 이사 갈 수 있도록 하나님께 간절히 기도했습니다. 그때 예수님이 생각났습니다. '예수님은 머리 둘 곳도 없으셨는데…… 저녁이면 밤이슬을 맞으면서 기도하셨고 낮에는 핍박과 배척을 받으면서 전도하셨는데 방 하나 가지고 불만을 토하는 내가 무슨 목사인가?' 하는 생각이 들어 회개하였습니다. 그러자 집이 대궐같이 느껴졌습니다.

자족을 배우면 하나님께 감사합니다. 혹시 질병과 고통, 연약한 환경 가운데 있다면 하나님의 뜻을 이루려고 십자가를 지신 예수님을 생각하면서 어떤 형편에 있든지 자족하기를 바랍니다.

능력주시는 자 안에서 거하라

내게 능력 주시는 자 안에서
내가 모든 것을 할 수 있느니라

빌립보서 4:13

순종하는 삶, 주님의 교훈 안에 거하는 삶이 능력 주시는 자 안에

능력자로
서라

서 사는 삶입니다. 말씀에 순종할 때 경제적으로, 환경적으로, 영적으로 보호받습니다.

예수님의 제자들이 밤이 맞도록 그물을 내렸으나 물고기 한 마리도 잡지 못했습니다. 깊은 곳에 그물을 던지라는 주님의 말씀에 순종했더니 그물에 고기가 가득 찼습니다.

"시몬이 대답하여 이르되 선생님 우리들이 밤이 새도록 수고하였으되 잡은 것이 없지마는 말씀에 의지하여 내가 그물을 내리리이다 하고 그렇게 하니 고기를 잡은 것이 심히 많아 그물이 찢어지는지라" 눅 5:5-6

구약에 다윗과 다니엘 같은 믿음의 선진들은 주 안에서의 삶을 살았습니다. 그들은 하나님의 능력을 믿고 주님의 말씀을 실천하며 살았습니다. 말씀에 순종하면 하나님께서 책임지기 때문에 모든 환경을 다 이길 수 있습니다. 신앙생활은 환경을 초월해야 합니다. 멸시 천대를 받고, 궁핍해도 변함없이 신앙생활 하는 것이 능력입니다.

사역의 괴로움에 참여하라

그러나 너희가 내 괴로움에
함께 참여하였으니 잘하였도다
빌립보 사람들아 너희도 알거니와
복음의 시초에 내가 마게도냐를 떠날 때에

구원운동을 하고 복음을 전하는 바울의 길에는 감옥, 생명의 위협, 동족의 핍박, 풍랑 등 많은 고난이 있었습니다. 이러한 바울의 복음사역에 빌립보 성도들이 함께 참여하며 도움을 주었습니다. 사도 바울은 하나님 나라와 구원을 위해 열심히 노력했습니다. 그리고 빌립보교회는 뒤에서 사도 바울의 사역을 잘 도왔습니다. 당시 사도 바울을 돕는 것은 곧 하나님 나라를 위한 것이었고, 사도 바울에게 협력하는 것은 하나님을 기쁘시게 하는 것이었습니다. 그들의 행위는 믿음의 행위요, 은혜 받은 자의 행위요, 구원받은 사람들에게서 나타나는 행위였습니다.

주님을 따르는 길은 좁은 길입니다. 좁은 문이며, 십자가의 길입니다. 영광의 길이지만 고난의 길이기도 합니다. 그 길을 갈 땐 협력하면서 따라가야 합니다. 항상 자족하면서 주님 따라가며 분별력을 가지고 거룩한 사역에 동참하기를 바랍니다.

하나님을 기쁘시게 하라

사도 바울은 빌립보 성도들에게 개인적으로 아무 것도 바라지 않았습니다. 사도 바울은 빌립보 성도들이 선교비를 지원하고 기도하고 동역하는 것을 하나님 앞에 신령한 일로, 아름다운 열매를 맺는 것으로 믿었습니다. 빌립보 성도들의 연보는 축복의 씨앗이었습니다.

하나님께 드리는 것은 믿음을 쓰는 것이며, 복음에 참여하는 일입니다. 구원에 동참하고, 은혜에 감사하며 하나님을 사랑하는 운동입니다. 또 바울은 '풍족하니'라는 표현을 합니다. 이것은 자족하는 사람의 고백입니다. 욕심이 잉태한즉 죄를 낳고 죄가 장성한즉 사망을 낳는다고 했습니다. 그러나 하나님이 축복하신다는 걸 깨달으면 욕심을 버릴 수 있습니다.

"여호와여 위대하심과 권능과 영광과 승리와 위엄이 다 주께 속하였사오니 천지에 있는 것이 다 주의 것이로소이다" 대상 29:11a

예전에 한 어머니가 무척 즐거워하는 모습을 보았습니다. 아이가 엄마의 생일을 맞아 조금씩 아껴온 돈으로 엄마가 좋아하는 선물을 사온 것입니다. 그 후로 아이는 늘 용돈을 풍족하게 받았습니다. 우리도 하나님 앞에 살아가면서 늘 하나님의 영광을 먼저 생각하고 가난한 자, 병든 자를 돌아봐야 합니다. 하나님이 돌보는 사람을 돌아봐야 합니다.

나의 하나님이 그리스도 예수 안에서 영광 가운데
그 풍성한 대로 너희 모든 쓸 것을 채우시리라

빌립보서 4:19

무엇이든지 심는 대로 거둡니다. 빌립보 성도들이 이런 축복을 받은 것처럼 우리도 하나님 앞에 복 받은 자로 살기를 바랍니다.

그리스도 예수 안에 있는
성도에게 각각 문안하라
나와 함께 있는 형제들이 너희에게 문안하고
모든 성도들이 너희에게 문안하되
특히 가이사의 집 사람들 중 몇이니라
주 예수 그리스도의 은혜가 너희 심령에 있을지어다

빌립보서 4:21-23

성도들은 서로 문안하고 사랑의 교제를 합시다. 사도 바울은 특히 가이사의 집 사람들에게 문안하고 그들을 알아주라고 했습니다. 가이사의 집 사람들이란 왕족을 말하는데 당시 왕족이 예수

능력자로
서라

님을 믿는 것은 쉽지 않았습니다. 그렇기 때문에 그들에게 더욱 관심을 갖고 신앙생활을 잘 할 수 있도록 돕기를 바랐습니다. 교회 안에서 모든 성도는 다 동등하지만 더 알아줘야 하는 사람이 있습니다. 신앙생활을 할 수 없는 상황 속에서 신앙생활을 하는 분들이 있습니다. 정말 힘들고 어려운 상황 속에서도 기도하고 연보하고 전도하는 귀한 분들이 있습니다. 이처럼 특별히 신앙생활하기 어려운 환경에서 믿음을 지키는 자들을 더 귀하게 여기는 신령한 눈이 열리기를 바랍니다.

사랑하는 여러분, 풍성히 채우시리라는 약속을 믿고 말씀을 굳게 지킵시다. 우리가 드리는 시간과 물질과 헌신은 하나님 앞에 향기로운 제물이 될 것입니다.

아비목회 40년 ●
빌립보서 강해 설교집

능력자로 서라

지은이 권태진
초판발행 2018년 10월 15일

등록번호 제 2003-6호
등록된 곳 경기도 군포시 오금로 102
발행처 성빛출판사
전화 031-397-6754 **팩스** 031-397-9241
이메일 sungbitbooks@gmail.com
홈페이지 www.sungbit.com

ISBN 978-89-87187-31-0 (03230)